Le Pouvoir d'Oser

Surmonter les Freins Psychologiques à la Création d'Entreprise

Dominique Feris

Le Pouvoir d'Oser

Surmonter les Freins Psychologiques à la Création d'Entreprise

Code ISBN : 9798345709627
Marque éditoriale : Independently published

Préface

J'ai écrit ce livre avec l'ambition d'accompagner tous ceux qui rêvent d'entreprendre, qu'ils en soient au stade de l'idée naissante ou simplement animés par un désir de changement, mais qui, pour diverses raisons, n'osent pas encore franchir le pas. Que ce soit par peur de l'échec, par crainte de l'inconnu, ou par les multiples freins psychologiques qui peuvent peser sur nous tous, il est parfois difficile de se lancer dans une telle aventure. Pourtant, il suffit souvent d'un moment, d'une phrase ou d'un conseil entendu au bon moment pour faire jaillir l'étincelle, le déclic qui pousse à agir et à avancer.

L'entrepreneuriat n'est pas un chemin tracé d'avance, ni un chemin unique. C'est une voie qui, pour certains, mène à la découverte de soi, à la réalisation de projets qui leur tiennent à cœur, et pour d'autres, révèle que ce n'est finalement pas le parcours qui leur correspond le mieux. Et c'est tout à fait acceptable, voire essentiel, de réaliser cela. Se lancer dans une aventure comme celle-ci, c'est avant tout une quête de sens, et découvrir que l'on préfère un autre chemin peut être une découverte aussi importante que de s'engager. Le bonheur et l'accomplissement n'ont pas de modèle universel, car il y a autant de manières d'être heureux qu'il y a d'individus dans ce monde.

Pour ceux qui décideront d'entreprendre, sachez qu'en entrepreneuriat, il n'y a pas de véritable échec. Chaque tentative est un apprentissage, chaque étape franchie est un pas de plus vers une meilleure compréhension de soi-même et de ses aspirations. Oser entreprendre, c'est accepter de grandir, de se transformer au fil des défis, et de sortir de sa zone de confort. Qu'importe le résultat final : l'audace de tenter cette aventure est en soi un accomplissement. Un jour, vous pourrez regarder en *arrière avec la fierté de ceux qui ont osé, qui ont pris des risques, et qui en ressortent enrichis, même si le chemin n'a pas toujours été facile.*

Ce livre vous permettra, je l'espère, d'apprendre à mieux vous connaitre et comprendre les freins psychologiques qui vous bloque afin de les dépasser pour réaliser le grand saut dans l'entreprenariat. Nous aborderons les freins les plus courants et vous pourrez réaliser, si vous en ressentez le besoin, des petits exercices pour tenter de les dépasser.

Alors, que vous choisissez d'embrasser ce parcours ou que vous réalisez que ce n'est pas pour vous, rappelez-vous que chaque chemin à sa valeur. Vous êtes libre de suivre celui qui vous correspond le mieux, celui qui vous apporte un réel sentiment de plénitude. L'essentiel est de vous écouter, de respecter vos aspirations profondes et de vous donner le droit de vivre une vie qui vous ressemble

Introduction

La création d'entreprise est souvent perçue comme un acte audacieux et ambitieux, un rêve pour beaucoup, mais aussi une démarche qui suscite de nombreuses interrogations et appréhensions. Derrière les idées innovantes et les ambitions entrepreneuriales, se cachent souvent des blocages internes, moins visibles que les obstacles financiers ou administratifs, mais tout aussi puissants : les **freins psychologiques**.

Ces freins psychologiques sont des barrières mentales qui limitent notre capacité à agir, nous empêchant de nous lancer ou d'avancer dans la concrétisation de nos projets. Ils sont souvent le résultat de peurs profondément enracinées, de croyances limitantes, ou de notre perception de l'incertitude et du risque. Alors que les aspects techniques et financiers de l'entrepreneuriat peuvent être surmontés avec des ressources extérieures telles que des formations, des financements ou des mentors, ces freins internes sont plus subtils et personnels.

L'un des paradoxes majeurs dans l'entrepreneuriat est que, malgré l'accès à une multitude d'informations et de ressources, nombreux sont ceux qui n'osent pas franchir le pas. Pourquoi tant de personnes, avec des idées potentiellement brillantes, choisissent-elles de rester dans leur zone de confort plutôt que de transformer leur vision en réalité ? La réponse réside souvent dans ces freins psychologiques, qui peuvent se manifester sous différentes formes.

Ces freins sont variés et influencent l'état d'esprit de l'aspirant entrepreneur de manière différente. Parmi les plus courants, nous retrouvons la **peur de l'échec**, le **manque de confiance en soi**, la **peur de l'incertitude**, ou encore le **besoin de perfectionnisme**. Chacune de ces barrières mentales agit comme un filtre qui déforme la réalité, nous faisant douter de nos capacités ou des chances de succès de notre projet.

L'importance de ces freins est telle, qu'ils peuvent bloquer une personne, parfois même de manière inconsciente, dans une phase d'indécision prolongée, créant ainsi une **paralysie de l'action**. Ce phénomène, souvent appelé "paralysie par l'analyse", se produit lorsque la personne est submergée par des réflexions et des scénarios catastrophiques, au point de ne jamais concrétiser son idée. C'est ici que la psychologie entre en jeu : comprendre et surmonter ces freins est un aspect essentiel du parcours entrepreneurial.

Il est également important de noter que ces freins ne touchent pas uniquement les novices. Même les entrepreneurs chevronnés peuvent être confrontés à ces doutes et ces peurs à différents moments de leur carrière, par exemple lorsqu'ils souhaitent lancer un nouveau projet ou s'étendre à un nouveau marché. Ainsi, apprendre à reconnaître et à gérer ces blocages est un exercice crucial, non seulement pour démarrer, mais aussi pour perdurer dans le monde de l'entrepreneuriat.

Dans cette analyse, nous allons explorer en détail les principaux freins psychologiques qui peuvent empêcher de se lancer dans la création d'entreprise, tout en proposant des pistes concrètes pour les surmonter. L'objectif est de montrer que, bien que ces barrières puissent sembler insurmontables, elles peuvent être déconstruites avec les bonnes stratégies et un état d'esprit adapté. Chaque entrepreneur potentiel peut ainsi apprendre à transformer ses peurs en leviers d'action, pour passer du rêve à la réalité.

Vous découvrirez, durant votre lecture, que ces freins sont souvent interconnectés et on des solutions parfois identiques. Certaines solutions reviennent donc souvent mais sont volontairement répétées afin qu'elles s'ancrent confortablement dans votre psyché et vous influencent positivement.

Chapitre 1

La peur de l'échec

C'est probablement le frein le plus répandu. L'idée d'échouer peut paralyser une personne, surtout si elle associe l'échec à une forme de honte sociale ou personnelle. En France, par exemple, la culture peut parfois accentuer cette crainte, où l'échec entrepreneurial ou professionnel est souvent mal perçu.

1.   Changer sa perception de l'échec

Changer sa perception de l'échec est un pas essentiel pour se libérer de la peur paralysante qui empêche d'agir ou de prendre des risques. Il s'agit de revoir fondamentalement ce que l'échec signifie dans votre parcours. Traditionnellement, l'échec est souvent perçu comme un signe d'incompétence ou comme une barrière infranchissable qui marque la fin d'une tentative. Cette vision conduit à l'immobilisme, à la peur d'essayer, voire à l'autosabotage, car on craint d'affronter cette soi-disant finalité négative. Pourtant, si l'on réinterprète l'échec non comme un obstacle, mais comme un tremplin vers la croissance, cela peut transformer radicalement la façon dont on aborde la vie.

Plutôt que de voir l'échec comme une sentence, il peut être perçu comme une étape naturelle du processus d'apprentissage et de perfectionnement. Dans cette perspective, échouer ne signifie pas que vous n'êtes pas à la hauteur, mais plutôt que vous êtes en train d'apprendre ce qui fonctionne et ce qui ne fonctionne pas encore. L'erreur devient alors un indicateur précieux, un retour d'information sur ce qui peut être amélioré. C'est un passage presque inévitable sur le chemin de la réussite.

Dans le monde de l'entrepreneuriat, cette redéfinition de l'échec est particulièrement cruciale. Chaque revers ou obstacle est une opportunité pour affiner sa stratégie, revoir ses objectifs ou ajuster son approche. En fait, bon nombre des plus grands succès sont nés d'échecs initiaux. Steve Jobs, par exemple, a été évincé de sa propre entreprise avant de revenir et de révolutionner Apple, faisant d'elle l'une des entreprises les plus prospères au monde. Elon Musk, de son côté, a rencontré de nombreux échecs, que ce soit avec SpaceX ou Tesla, avant de parvenir à réaliser ses visions audacieuses. Ces exemples montrent que l'échec n'est pas une fin, mais souvent le début d'une transformation, d'une remise en question productive.

Ce qui différencie les entrepreneurs à succès, ce n'est pas l'absence d'échec, mais leur capacité à rebondir. Ils apprennent à accepter que chaque tentative infructueuse les rapproche de leur but. Cette résilience, cette aptitude à se relever et à réessayer avec un esprit ouvert et curieux, est la clé pour surmonter la peur de l'échec. En d'autres termes, la réussite est souvent moins liée à la perfection qu'à la persévérance. Apprendre à voir l'échec comme une étape sur le chemin de la réussite permet non seulement d'avancer avec plus de sérénité, mais aussi de prendre des risques calculés avec plus de confiance.

Ainsi, changer sa perception de l'échec ne signifie pas simplement accepter l'échec, mais le réinterpréter comme une opportunité d'évolution et de croissance. En apprenant à ne plus craindre l'échec, mais à l'utiliser comme un outil de progression, on se libère du carcan de la perfection et on s'ouvre à de nouvelles possibilités.

2. Comment surmonter la peur de l'échec ?

Surmonter **la peur de l'échec**, qui est l'un des freins les plus courants dans la création d'entreprise, demande une démarche à la fois mentale et pratique. Voici des stratégies efficaces pour dépasser cette peur :

2.1. Redéfinir l'échec

L'une des meilleures façons de surmonter la peur de l'échec est de redéfinir ce que représente l'échec pour vous. Au lieu de le voir comme un événement négatif définitif, considérez-le comme un processus d'apprentissage. Dans le monde de l'entrepreneuriat, chaque échec est une leçon précieuse qui peut vous aider à mieux rebondir et à ajuster votre approche. De nombreux entrepreneurs à succès ont échoué avant de réussir.

2.2. Développer une mentalité de "croissance"

Adopter une **mentalité de croissance** (growth mindset) permet de voir les obstacles comme des opportunités de développement plutôt que des blocages définitifs. Ce concept, développé par la psychologue Carol Dweck, montre que les personnes qui croient qu'elles peuvent évoluer et s'améliorer grâce aux efforts sont plus résilientes face aux échecs.

2.3. Se préparer à l'échec

Même si cela peut sembler paradoxal, se préparer à l'échec permet de mieux l'accepter. Anticipez les scénarios dans lesquels votre projet pourrait échouer et préparez des plans B ou C pour ces éventualités. Cette préparation vous permet de minimiser les impacts négatifs potentiels et de voir l'échec comme un simple obstacle sur le chemin, plutôt qu'un point final.

2.4. Démarrer petit et tester progressivement

Au lieu de se lancer dans un projet entrepreneurial massif, commencez par de petits tests. Validez votre idée sur une échelle réduite, par exemple en lançant un **MVP** (Minimum Viable Product). Cela vous permettra de prendre moins de risques, de tester le marché, d'apprendre rapidement et de vous ajuster sans craindre de gros échecs financiers ou personnels.

2.5. Accepter l'incertitude et l'imperfection

L'échec est souvent perçu comme une perte de contrôle. Or, l'entrepreneuriat est intrinsèquement lié à l'incertitude. Apprenez à accepter que tout ne sera pas parfait, et que l'incertitude fait partie du processus entrepreneurial. Plus vous serez à l'aise avec l'idée que vous ne pouvez pas tout contrôler, moins vous serez paralysé par la peur.

2.6. Développer sa résilience

La résilience est la capacité à rebondir après un échec. Travailler sur cette compétence vous permet de voir l'échec comme temporaire et surmontable. Pour renforcer votre résilience, entourez-vous de personnes positives, développez des routines qui renforcent votre mental (comme la méditation, le sport, ou la réflexion), et apprenez à persister face aux obstacles.

2.7. Obtenir du soutien et un accompagnement

S'entourer d'autres entrepreneurs ou d'un mentor expérimenté peut vous aider à relativiser votre peur de l'échec. En discutant avec des personnes qui sont passées par là, vous pouvez comprendre que l'échec fait souvent partie du processus. Un réseau d'accompagnement entrepreneurial ou des groupes d'entrepreneurs peuvent également offrir des conseils concrets et de l'encouragement.

2.8. Se fixer des objectifs réalistes

Une grande partie de la peur de l'échec vient des attentes irréalistes que nous nous fixons. Si vos objectifs sont trop ambitieux dès le départ, vous risquez de craindre l'échec plus intensément. En fixant des objectifs réalistes et atteignables, vous réduisez la pression et vous vous donnez le temps de progresser petit à petit.

2.9. Analyser ses peurs et les rationaliser

Parfois, la peur de l'échec est amplifiée par des pensées irrationnelles. Prenez le temps d'analyser vos peurs concrètement : Quelles sont vos craintes spécifiques ? Quels sont les scénarios du pire cas que vous imaginez ? Souvent, en examinant rationnellement ces peurs, vous vous rendrez compte qu'elles ne sont pas aussi catastrophiques que vous le pensiez, et que des solutions existent.

2.10. Se rappeler que la majorité des entrepreneurs échouent au moins une fois

Les statistiques montrent que de nombreux entrepreneurs échouent au moins une fois avant de réussir. En fait, l'échec est souvent une étape nécessaire dans la réussite entrepreneuriale.

Le comprendre vous aide à relativiser et à vous rappeler que même un échec n'est pas la fin de votre parcours, mais une étape vers la réussite.

Exemple :

Imaginez que vous souhaitiez lancer une boutique en ligne. Plutôt que de tout investir directement dans un site web complet avec un inventaire important, vous pourriez commencer par tester l'intérêt du marché avec une petite collection sur une plateforme comme Etsy ou Shopify. Si vous rencontrez des difficultés, vous pourrez ajuster votre offre avant d'engager des ressources importantes. Cela vous permet de "tester et apprendre", tout en minimisant le risque et donc la peur de l'échec.

3. Conclusion :

Surmonter la peur de l'échec ne signifie pas éliminer totalement cette peur, mais apprendre à vivre avec elle de manière productive. L'entrepreneuriat implique toujours un certain degré de risque, mais en adoptant ces stratégies, vous pouvez réduire son emprise psychologique et avancer vers vos objectifs avec plus de confiance.

Idée d'exercice pour surmonter la peur de l'échec

« Le Journal de l'échec »

Cet exercice vise à changer la perception de l'échec en le transformant en outil de réflexion et d'apprentissage. Il permet de développer une attitude plus constructive face aux obstacles.

1 **Tenir un journal des « petits échecs » quotidiens :**
À la fin de chaque journée, prenez 10 à 15 minutes pour réfléchir à une situation dans laquelle vous avez perçu un « échec » (cela peut être un objectif non atteint, une tâche mal exécutée, une confrontation difficile, etc.).
Notez cette situation dans votre journal de manière détaillée. Essayez d'être le plus factuel possible sans juger négativement l'événement.

2 **Changer la perspective :**
Une fois que vous avez décrit la situation, demandez-vous : « Qu'ai-je appris de cette expérience ? »
Réfléchissez à ce que cet échec vous a enseigné, que ce soit sur vous-même, sur votre méthode ou sur votre environnement. Par exemple, si vous avez échoué à finir un projet dans les délais, peut-être avez-vous appris que vous deviez mieux organiser votre temps ou communiquer plus tôt avec votre équipe.

3 **Explorer les opportunités cachées :**
Ensuite, demandez-vous : « Comment puis-je utiliser cette leçon pour m'améliorer à l'avenir ? »
Notez une ou deux actions concrètes que vous pouvez mettre en place pour éviter que la même situation se reproduise. L'idée est de transformer cette expérience en une source d'amélioration.

4   Réévaluation des émotions :

Prenez un moment pour réfléchir aux émotions que vous avez ressenties face à cet échec (peur, frustration, honte) et demandez-vous si elles étaient justifiées ou amplifiées par la peur. Essayez de reconnaître que ces émotions sont naturelles, mais qu'elles ne doivent pas nécessairement vous contrôler.

Notez comment vous vous sentez après avoir pris du recul et réévalué la situation sous un angle plus constructif.

5   Prendre de la distance :

Pour conclure, demandez-vous : « Si cet échec avait été vécu par un ami proche, comment lui aurais-je conseillé de réagir ? ». Cela permet de prendre une distance émotionnelle vis-à-vis de la situation et d'adopter une perspective plus bienveillante et objective.

Bénéfices de l'exercices :

Démystification de l'échec *: En l'écrivant et en l'analysant régulièrement, vous finirez par voir les échecs comme une partie normale et non effrayante de votre parcours.*

Renforcement de la confiance *: Plus vous utiliserez les échecs comme des opportunités d'apprentissage, plus vous gagnerez en confiance dans votre capacité à faire face aux situations difficiles.*

Réduction de l'auto-critique *: En évaluant les situations comme vous le feriez pour un ami, vous deviendrez plus bienveillant envers vous-même.*

Ce journal vous permettra de visualiser vos progrès au fil du temps et de constater que ce que vous perceviez initialement comme des échecs sont souvent des étapes nécessaires vers la réussite.

Chapitre 2 :

Le manque de confiance en soi

Le manque de confiance en soi est un obstacle majeur pour de nombreux aspirants entrepreneurs. Il se manifeste par des doutes persistants sur leurs capacités à réussir dans l'entrepreneuriat, que ce soit en matière de compétences, d'expérience ou de savoir-faire. Ce sentiment d'illégitimité, souvent appelé le syndrome de l'imposteur, pousse certains à croire qu'ils ne sont pas qualifiés pour créer et diriger une entreprise. Ils se comparent souvent à des entrepreneurs chevronnés ou à des leaders d'industries prospères, ce qui renforce leur perception de ne pas être à la hauteur. Cette comparaison permanente les amène à minimiser leurs propres talents et réalisations, oubliant que chaque entrepreneur, même les plus célèbres, a commencé avec des doutes et des lacunes.

1. Pourquoi nous manquons de confiance ?

L'une des raisons pour lesquelles ce manque de confiance est si répandu est la croyance que l'entrepreneuriat exige un niveau élevé d'expertise dans tous les domaines : finance, marketing, gestion des ressources humaines, technologie, etc. Beaucoup d'aspirants entrepreneurs se sentent dépassés par cette diversité de compétences à maîtriser, pensant qu'ils doivent tout savoir avant de se lancer. En réalité, l'entrepreneuriat est un processus d'apprentissage continu, et rares sont ceux qui maîtrisent parfaitement tous les aspects de la gestion d'une entreprise dès le départ. Le succès ne réside pas dans l'accumulation immédiate de toutes les compétences, mais dans la capacité à apprendre, à s'entourer de bonnes personnes et à persévérer malgré les incertitudes.

Cette peur d'être insuffisamment qualifié ou légitime est également amplifiée par la perception que les ressources matérielles ou financières manquent pour démarrer. Beaucoup pensent qu'il leur faut un capital important, un réseau solide ou des partenaires stratégiques avant de pouvoir lancer leur projet. Pourtant, l'histoire regorge d'exemples d'entrepreneurs qui ont commencé avec peu de ressources, mais qui ont su faire preuve de créativité et d'ingéniosité pour développer leur entreprise. Ce n'est pas tant l'accès initial aux ressources qui détermine le succès, mais plutôt la capacité à optimiser ce que l'on a et à saisir les opportunités au fur et à mesure qu'elles se présentent.

Un autre facteur qui alimente ce manque de confiance est l'absence de validation extérieure. Les aspirants entrepreneurs cherchent souvent des signes clairs ou des encouragements de la part de leurs pairs, de leurs mentors ou de la société, qui viendraient confirmer qu'ils sont « prêts » à entreprendre. Or, cette validation externe n'arrive presque jamais, car personne ne peut réellement garantir le succès d'une entreprise avant de l'avoir expérimenté. La confiance en soi doit donc être construite de manière intrinsèque, en s'appuyant sur la croyance que l'échec et l'imperfection font partie du parcours entrepreneurial, et qu'il est normal de ne pas tout maîtriser dès le départ.

Le chemin vers l'entrepreneuriat est pavé d'incertitudes, mais il est essentiel de comprendre que ces doutes sont naturels et partagés par la majorité des entrepreneurs, même les plus aguerris. Ce n'est pas l'absence de doutes qui permet de réussir, mais la capacité à agir malgré eux, en adoptant une attitude de croissance et en s'engageant à apprendre continuellement. Plus l'entrepreneur avancera dans son parcours, plus il renforcera ses compétences et sa confiance, au fur et à mesure qu'il surmontera des défis et des obstacles.

2. Comment surmonter le manque de confiance en soi ?

Surmonter ce frein est essentiel pour passer à l'action et réaliser ses ambitions entrepreneuriales. Voici des stratégies pratiques pour renforcer la confiance en soi :

2.1 Identifier et comprendre les sources du manque de confiance

Prenez le temps d'identifier les situations spécifiques où vous ressentez un manque de confiance. Est-ce lors de présentations ? En prenant des décisions ? En négociant ? Cette compréhension vous permettra de cibler vos efforts de manière plus précise.

Réfléchissez également aux expériences passées qui ont pu influencer votre confiance en vous. Parfois, des critiques reçues durant l'enfance ou des échecs passés peuvent alimenter des doutes.

2.2 Se fixer des objectifs à court terme

Établissez des objectifs clairs et atteignables, qui vous permettront de mesurer vos progrès. Par exemple, si vous craignez de prendre la parole en public, fixez-vous l'objectif de parler lors d'un petit événement avant de vous lancer dans une grande présentation.

Chaque objectif doit être accompagné d'un plan d'action détaillé. Cela vous aidera à visualiser les étapes nécessaires et à vous concentrer sur des actions concrètes.

2.3 Acquérir des compétences

Investissez dans votre développement personnel en suivant des formations ou des cours dans des domaines qui vous intéressent ou que vous souhaitez maîtriser. Plus vous serez compétent, plus vous vous sentirez confiant. Mais n'oubliez pas que vous ne pourrez jamais tout maitriser avant de vous lancer.

La pratique régulière dans un domaine spécifique renforcera aussi vos compétences et augmentera votre confiance. Par exemple, si vous souhaitez devenir un meilleur orateur, entraînez-vous à faire des présentations devant des amis ou des collègues.

2.4 Visualisation positive

Prenez quelques minutes chaque jour pour vous imaginer en train de réussir dans vos activités entrepreneuriales. Visualisez-vous en train de parler avec assurance, de négocier avec succès ou de présenter votre projet à des investisseurs. Cette technique renforce les associations positives avec vos actions.

Vous pourriez tenir un journal où vous notez vos réussites, aussi petites soient-elles. Relisez-le régulièrement pour vous rappeler vos capacités et vos progrès.

2.5 Affirmations positives

Créez une liste d'affirmations positives qui résonnent avec vous et répétez-les chaque jour (Méthode Coué). Par exemple : « Je suis capable de relever des défis », « Mes idées ont de la valeur », ou « Je mérite le succès ». Cela peut aider à reprogrammer votre mental et à renforcer votre estime de soi.

Remplacez les pensées négatives par des affirmations positives lorsque vous ressentez des doutes. Par exemple, si vous pensez « Je ne suis pas fait pour ça », transformez cette pensée en « Je suis en train d'apprendre et de grandir dans ce domaine. »

2.6 Sortir de sa zone de confort

Mettez-vous régulièrement au défi de sortir de votre zone de confort. Cela peut être aussi simple que de parler à un inconnu, de partager vos idées lors d'une réunion ou de prendre des initiatives au travail. Chaque petite victoire renforce la confiance en soi.

Apprenez à accepter l'inconfort qui accompagne la sortie de votre zone de confort. Reconnaissez que la croissance personnelle se produit souvent dans ces moments difficiles.

2.7 Demander du feedback et s'entourer de personnes positives

N'hésitez pas à demander des retours sur votre travail ou vos présentations. Le feedback peut vous aider à identifier vos points forts et à comprendre où vous devez vous améliorer, tout en renforçant votre confiance lorsque vous recevez des éloges.

Entourez-vous de personnes positives qui vous soutiennent et croient en vos capacités. Évitez les personnes toxiques qui renforcent vos doutes et vos craintes.

2.8 Rechercher un mentor ou un coach

Trouvez un mentor dans votre domaine qui peut vous guider, vous encourager et partager son expérience. Un mentor peut fournir des conseils précieux et vous aider à voir votre potentiel.

Si le besoin est plus important, envisager de travailler avec un coach professionnel peut vous aider à travailler sur votre confiance en vous, à établir des objectifs et à développer des stratégies adaptées.

2.9 Célébrer les réussites

Prenez le temps de célébrer vos réussites, qu'elles soient grandes ou petites. Cela renforce l'idée que vous êtes capable et vous encourage à continuer d'avancer.

Régulièrement, notez ce que vous avez accomplies ou ce qui vous rend fier. Cela vous aidera à voir vos progrès et à renforcer votre confiance.

2.10 Faire preuve de patience

Reconnaissez que renforcer la confiance en soi est un processus qui prend du temps. Ne soyez pas trop dur avec vous-même si les progrès semblent lents. Soyez patient et persévérez.

3. Conclusion

Surmonter le manque de confiance en soi nécessite un engagement constant envers soi-même et une volonté d'agir malgré les doutes. En adoptant des stratégies concrètes et en se concentrant sur le développement personnel, il est possible de bâtir une confiance solide qui non seulement facilitera le lancement de votre entreprise, mais aussi vous accompagnera tout au long de votre parcours entrepreneurial.

Exercice simple et efficace pour surmonter le manque de confiance en soi

L'exercice du "Cercle de Confiance".

Cet exercice vise à renforcer la perception positive que vous avez de vous-même en mettant l'accent sur vos réussites passées et vos qualités personnelles. Voici comment procéder :

1. **Créez votre cercle de réussite** :
Prenez une feuille et dessinez un grand cercle au centre de la page.
À l'intérieur de ce cercle, écrivez **au moins 5 réussites** dont vous êtes fier, peu importe si elles semblent petites ou grandes (par exemple : "J'ai réussi à obtenir un diplôme", "J'ai organisé un événement avec succès ", "J'ai aidé quelqu'un dans le besoin"). Pensez aux moments où vous avez ressenti de la satisfaction ou de la fierté.

2. **Lister vos qualités personnelles** :
À l'extérieur du cercle, autour de celui-ci, écrivez **vos qualités et points forts**. Réfléchissez à ce que vous faites bien, à ce que vos amis ou collègues vous conviennent. Par exemple : "Je suis persévérant", "Je suis à l'écoute", "Je suis créatif", "Je suis fiable".

3. **Renforcer ces points positifs** :
Une fois votre cercle complété, relisez-le attentivement et prenez un moment pour ressentir la fierté de vos accomplissements. Visualisez chaque succès, et essayez de ressentir les émotions positives associées à ces moments.
Prenez conscience que ces qualités et ces réussites sont des preuves concrètes de vos capacités, et que vous avez déjà les ressources nécessaires pour avancer.

4. **Affirmations positives** :

En vous basant sur les qualités inscrites autour du cercle, créez **une ou deux affirmations positives** que vous allez répéter quotidiennement. Par exemple : "Je suis capable de réussir car j'ai de la persévérance", "Je suis une personne créative et je transforme mes idées en actions".

Répétez ces affirmations à haute voix ou dans votre tête chaque jour, en particulier avant des moments où vous doutez de vous-même (réunions, présentations, prise de décision importante).

5. **Ajouter de nouveaux succès** :

Au fur et à mesure de la semaine, lorsque vous accomplissez quelque chose, même de petit (réussir à prendre la parole en public, oser prendre une initiative), revenez à votre cercle et **ajoutez de nouvelles réussites**. Cela montre que la confiance en soi se construit continuellement.

Avantages de l'exercice :

- Focalisez-vous sur les éléments positifs de votre vie, plutôt que sur vos peurs ou vos doutes.
- Visualisez et ressentez régulièrement les preuves de vos compétences, ce qui renforce naturellement votre confiance.
- Créez un espace de positivité et d'ancrage mental, que vous pourrez revisiter en cas de doute.
- Avoir une vision claire de vos qualités, ce qui aide à surmonter les moments de manque de confiance.

Cet exercice est très simple à mettre en place et peut même être répété autant de fois que nécessaire pour ancrer durablement une image positive de vous-même.

Chapitre 3 :

La peur de l'incertitude

La peur de l'incertitude, est un obstacle puissant qui empêche de nombreux entrepreneurs potentiels de se lancer dans la création d'une entreprise. Cette peur est étroitement liée à notre besoin de sécurité et à la tendance naturelle de l'humain à éviter les risques, surtout dans des contextes où l'avenir est imprévisible. Dans le monde de l'entrepreneuriat, où règne l'incertitude (succès du produit, acceptation du marché, viabilité financière, etc.), cette peur peut devenir un frein majeur si elle n'est pas gérée efficacement.

1. Comprendre l'origine de la peur de l'incertitude

La peur de l'incertitude trouve ses racines dans notre biologie et notre psychologie. Historiquement, l'humain a évolué en cherchant à minimiser les risques pour assurer sa survie. Le cerveau préfère ce qui est connu et prévisible, car cela permet de mieux anticiper les dangers. Lorsque nous faisons face à l'inconnu, le cerveau réagit souvent par l'**anxiété**, cherchant à éviter toute situation imprévisible qui pourrait mener à des échecs ou des pertes.

Dans l'entrepreneuriat, cette incertitude se manifeste de plusieurs façons :

- **Le succès du projet** : Rien ne garantit que l'idée va marcher ou que le marché l'acceptera.
- **Les résultats financiers** : Les revenus sont incertains, et l'entrepreneur doit accepter des périodes de flux financiers irréguliers.
- **Les décisions stratégiques** : Chaque choix peut avoir des conséquences imprévisibles sur l'évolution de l'entreprise.
- **La pression sociale** : Le regard des autres peut augmenter la peur de prendre des risques, car échouer en public peut sembler encore plus effrayant.

2. Comment la peur de l'incertitude se manifeste

Les symptômes de la peur de l'incertitude sont nombreux et peuvent paralyser l'action de plusieurs façons :

- **Procrastination** : L'incapacité à se décider ou à agir, préférant reporter sans cesse les étapes importantes pour éviter de faire face à l'inconnu.
- **Indécision** : L'entrepreneur potentiel hésite entre plusieurs options sans jamais en choisir une, par peur des conséquences de cette décision.
- **Hyperanalyse** : L'envie de tout analyser en détail, jusqu'à la moindre variable, dans une tentative vaine de tout contrôler avant de se lancer.
- **Inertie** : Ne jamais franchir le cap de l'action, préférant rester dans une situation stable (exemple : garder son emploi salarié) plutôt que de plonger dans l'aventure incertaine de l'entrepreneuriat.

3. Les dangers de rester figé par l'incertitude

Rester paralysé par la peur de l'incertitude peut avoir de lourdes conséquences. En retardant ou en évitant de se lancer, on risque de :

Manquer des opportunités : Le marché évolue rapidement, et les idées ou projets innovants peuvent perdre leur pertinence si l'on attend trop longtemps.

Perdre la confiance en soi : Plus on laisse la peur dicter ses actions, plus cela renforce l'idée que l'on n'est pas capable de surmonter les défis, ce qui entraîne une spirale de doutes.

Se contenter de l'insatisfaction : Beaucoup d'entrepreneurs potentiels restent dans des emplois ou des situations qu'ils trouvent insatisfaisants, simplement parce qu'ils ont trop peur de l'inconnu pour faire un saut vers l'aventure.

4. Stratégies pour surmonter la peur de l'incertitude

La bonne nouvelle est que cette peur, bien que naturelle, peut être surmontée avec des techniques adaptées. Voici quelques stratégies pratiques pour faire face à cette peur et la transformer en levier d'action.

4.1 Accepter que l'incertitude fasse partie du processus entrepreneurial

La première étape pour surmonter cette peur est de **changer de perspective**. Il est important de comprendre que l'incertitude est inhérente à l'entrepreneuriat et que même les entrepreneurs à succès n'ont jamais eu de garanties totales. L'incertitude n'est pas nécessairement une menace ; elle peut aussi être une opportunité. Il est impossible de tout contrôler, mais en embrassant cette réalité, on peut devenir plus flexible et ouvert aux nouvelles opportunités.

4.2 Se concentrer sur ce que vous pouvez contrôler

Au lieu d'essayer de tout prévoir, il est essentiel de **se concentrer sur les éléments que vous pouvez réellement maîtriser.** Cela inclut :

- **Une bonne préparation** : Un business plan bien construit, des études de marché rigoureuses, une stratégie financière solide peut atténuer certaines incertitudes.
- **Des actions concrètes** : Fixez des objectifs spécifiques, mesurables et réalisables. En se concentrant sur des tâches précises (comme parler à des clients potentiels, tester un prototype), vous reprenez une partie du contrôle, même dans l'incertitude globale.

4.3 Adopter une approche expérimentale

Beaucoup d'entrepreneurs à succès adoptent une approche basée sur l'expérimentation. Au lieu de chercher à tout prévoir avant de se lancer, ils **testent** rapidement leurs idées sur le marché avec des produits ou services minimum viables (MVP). Cette approche leur permet d'obtenir des retours réels et d'ajuster leur stratégie en fonction des résultats. Cela réduit la peur de l'échec, car chaque "échec" devient simplement une nouvelle source d'apprentissage.

4.4 Gérer intelligemment les risques

Plutôt que de tout risquer d'un coup, vous pouvez apprendre à **répartir et limiter les risques**. Voici quelques moyens :

- **Testez votre idée à petite échelle** : Par exemple, si vous lancez un produit, commencez par une version test pour un marché restreint avant d'investir de gros montants.
- **Garder un filet de sécurité** : Beaucoup d'entrepreneurs commencent à côté d'un emploi salarié ou avec des économies pour minimiser le stress financier.

- **Diversifier vos options** : Ne placez pas tous vos espoirs sur un seul produit ou service. Avoir plusieurs options peut réduire la pression liée à l'incertitude.

4.5 Cultiver la résilience et l'agilité

L'un des moyens les plus puissants de surmonter la peur de l'incertitude est de **développer votre résilience.** Cela signifie d'accepter que les choses ne se passeront pas toujours comme prévu, mais que vous êtes capable de rebondir. Quelques techniques pour cultiver la résilience :

- **Adopter un état d'esprit de croissance** : Croire que vous pouvez toujours apprendre et vous améliorer, même à travers les échecs.
- **Prendre soin de vous** : La gestion du stress et l'équilibre personnel sont cruciaux pour rester calme et confiant face à l'incertitude.
- **Être agile et adaptable** : Entraînez-vous à ajuster rapidement vos stratégies lorsque vous rencontrez des obstacles. L'agilité mentale est une qualité essentielle chez les entrepreneurs à succès.

4.6 S'entourer d'un réseau de soutien

Être bien entouré permet d'atténuer les craintes face à l'incertitude. Il peut s'agir :

- **De mentors ou de coachs** qui vous guident et partagent leur expérience.
- **D'un réseau d'entrepreneurs** avec qui vous pouvez échanger des conseils, des idées et des retours d'expérience. Être entouré de personnes qui traversent les mêmes défis peut considérablement diminuer le sentiment d'incertitude.

- **De votre famille et de vos amis** : Un soutien émotionnel et moral est précieux lorsque vous faites face à des situations incertaines.

5. Conclusion

La peur de l'incertitude est inévitable dans le monde de l'entrepreneuriat, mais elle peut être transformée en un moteur de croissance et d'apprentissage. En acceptant cette incertitude, en se concentrant sur les actions concrètes et en adoptant une approche flexible et expérimentale, vous pouvez réduire cette peur et avancer vers vos objectifs avec plus de sérénité. Apprendre à vivre avec l'inconnu fait partie du parcours entrepreneurial, mais c'est aussi une des clés de l'innovation et du succès à long terme.

Exercice simple et pratique pour vaincre la peur de l'incertitude

Exercice du "Scénario du pire".

Cet exercice vous aide à réduire l'angoisse liée à l'inconnu en identifiant les pires problèmes possibles, puis en trouvant des solutions concrètes pour y faire face. En vous préparant mentalement à ce qui pourrait mal se passer, vous réduisez le pouvoir de l'incertitude sur vos actions et pouvez anticiper des solutions pour les gérer.

Étapes de l'exercice :

1. **Identifier une décision incertaine ou un projet qui vous fait peur** : Choisissez une situation liée à l'entrepreneuriat qui vous angoisse à cause de l'incertitude. Cela peut être le lancement d'un produit, la recherche de clients, ou la décision de quitter votre emploi pour vous consacrer à votre entreprise à plein temps...

2. **Visualiser le pire scénario** : Prenez quelques minutes pour réfléchir et notez **ce qui pourrait mal tourner**. Par exemple, si vous lancez une entreprise, le pire scénario pourrait être : « Personne n'achète mon produit », « Je perds de l'argent » ou « Je dois fermer l'entreprise ». Écrivez toutes les conséquences possibles sans filtre. Soyez honnête et imaginez les pires problèmes de façon réaliste.

3. **Évaluer la probabilité du pire scénario** : Une fois que vous avez listé les pires scénarios, prenez un moment pour **évaluer la probabilité réelle** que ces événements se produisent. Souvent, notre peur amplifie les risques, et cet exercice vous aide à rationaliser. Vous pouvez utiliser une échelle

de 1 à 10 pour évaluer cette probabilité (1 = très peu probable, 10 = très probable).

4. Trouver des solutions pour gérer le pire :
Maintenant, pour chaque scénario, identifiez **une ou plusieurs solutions concrètes** qui pourraient vous permettre de faire face si ce scénario se produisait. Par exemple :

- Si votre produit ne se vend pas, vous pouvez pivoter vers un autre marché ou réajuster votre offre.
- Si vous perdez de l'argent, vous pouvez envisager d'autres sources de financement, réduire les coûts ou garder un emploi à temps partiel.

L'objectif est de comprendre que, même si le pire arrive, il existe toujours des actions que vous pouvez entreprendre pour limiter les dégâts.

5. Imaginer les meilleures issues possibles :
Après avoir analysé le pire, prenez le temps de réfléchir à **ce qui pourrait bien se passer**. Notez les scénarios positifs, comme : « Mon produit trouve son public », « J'attire de nouveaux clients », « L'entreprise génère un revenu stable ».

Visualisez ces enjeux positifs et concentrez-vous sur ce que vous pouvez faire pour maximiser les chances que cela se réalise.

6. Mesures immédiates :
Pour conclure l'exercice, identifiez **une action simple et immédiate** que vous pouvez entreprendre pour avancer malgré l'incertitude. Cela peut être une petite étape comme appeler un prospect, tester une idée sur un échantillon réduit, ou rechercher des retours sur votre produit. L'action vous aidera à sortir de l'immobilisme lié à la peur.

Avantages de l'exercice :

- **Rationaliser la peur** : Cet exercice vous permet de voir que les pires scénarios ne sont souvent pas aussi terrifiants qu'ils le paraissent, et qu'ils sont rarement insurmontables.
- **Augmenter la résilience** : En anticipant des solutions pour chaque scénario, vous développez un sentiment de contrôle, ce qui réduit la paralysie liée à l'incertitude.
- **Renforcer la confiance en soi** : En vous concentrant sur des actions immédiates, vous apprenez à agir malgré l'incertitude, ce qui renforce la confiance en vos capacités à gérer l'imprévu.

En pratiquant cet exercice régulièrement, vous apprendrez à mieux gérer l'incertitude et à avancer malgré les peurs.

Chapitre 4

Le perfectionnisme

Le perfectionnisme se manifeste par un besoin constant d'atteindre des standards irréalistes de performance et un souci excessif des détails, souvent au détriment de l'action. Si le perfectionnisme peut, dans une certaine mesure, pousser à l'excellence, il devient vite un frein lorsqu'il empêche d'avancer ou de prendre des risques.

1. Nature et origines du perfectionnisme

Le perfectionnisme trouve souvent ses origines dans diverses causes psychologiques et comportementales. Un besoin de contrôle est au cœur de ce phénomène, car les perfectionnistes cherchent à maîtriser chaque aspect de leur environnement pour éviter l'incertitude et les erreurs, craignant que l'imprévu ne les plonge dans le désordre. Par ailleurs, la peur de l'échec est un autre moteur essentiel du perfectionnisme ; en visant constamment un résultat parfait, la personne espère se prémunir contre la critique et les manifestations de faiblesse. De plus, la recherche d'approbation joue un rôle significatif : les perfectionnistes s'efforcent souvent de prouver leur valeur aux autres, que ce soit par des performances irréprochables ou des réalisations sans défaut, ce qui est souvent alimenté par la crainte du jugement social, les attentes élevées de leur entourage ou de la société. Enfin, dans un monde où les réseaux sociaux et les modèles de réussite sont omniprésents, les entrepreneurs se livrent fréquemment à des comparaisons sociales, ressentant le besoin d'atteindre un niveau équivalent, voire supérieur, à celui de leurs pairs.

2. Les manifestations du perfectionnisme

Le perfectionnisme peut se manifester de différentes façons dans le cadre de la création d'entreprise :

Paralysie de l'action : En imposant de faire les choses "parfaitement", les perfectionnistes retardent souvent les prises de décision ou l'exécution des tâches. Ils attendent que toutes les conditions soient réunies avant de se lancer, ce qui peut entraîner une paralysie, et au final, aucune action.

Procrastination : Bien qu'on puisse penser que les perfectionnistes sont des personnes extrêmement productives, ils peuvent en fait retarder les tâches par peur de ne pas les accomplir à la perfection. Cela crée un cycle de procrastination et d'inaction.

Micro management : Les perfectionnistes ont tendance à vouloir tout gérer eux-mêmes. Ils délèguent difficilement les tâches, craignant que les autres ne fassent pas aussi bien qu'eux.

Insatisfaction constante : Peu importe les résultats obtenus, les perfectionnistes ont du mal à se satisfaire de leurs réalisations. Même en cas de succès, ils se concentrent sur les moindres défauts ou imperfections.

3. Les conséquences du perfectionnisme

Le perfectionnisme, lorsqu'il devient excessif, peut avoir des conséquences néfastes sur l'entrepreneur et son projet.

- **Perte de temps et d'opportunités** : En cherchant à tout faire parfaitement, les perfectionnistes peuvent manquer des occasions précieuses. Le perfectionnisme les empêche de tester rapidement des idées, d'ajuster leur projet ou de répondre rapidement aux évolutions du marché.
- **Épuisement et stress** : Le perfectionnisme crée une pression constante pour atteindre des standards inatteignables. Cela peut conduire à un stress chronique, voire à un burn-out, car les entrepreneurs perfectionnistes se sentent constamment insuffisants.
- **Incapacité à lancer un produit ou un projet** : Beaucoup de perfectionnistes ne lancent jamais leur entreprise ou leur produit car ils estiment que celui-ci n'est jamais « assez parfait ». En réalité, l'attente de la perfection empêche l'expérimentation et le progrès.
- **Relation difficile avec les autres** : En plus d'être sévères envers eux-mêmes, les perfectionnistes peuvent aussi être très exigeants envers les autres, ce qui peut compliquer les relations avec les collaborateurs ou partenaires.

4. Stratégies pour vaincre le perfectionnisme

Surmonter le perfectionnisme est essentiel pour tout entrepreneur qui souhaite se lancer et faire évoluer son projet. Voici quelques approches pour y parvenir.

4.1 Adopter une approche itérative

L'entrepreneuriat repose souvent sur un processus d'expérimentation. Adopter une approche itérative, comme la méthode Lean Startup, vous permet de lancer rapidement des produits minimums viables (MVP), de tester des idées et de les améliorer en fonction des retours du marché. Cela vous libère de l'idée que tout doit être parfait dès le départ. (Développé par un entrepreneur américain, Éric Ries, le Lean Startup, est une méthode très connue pour valider de façon itérative une offre, un produit ou service auprès de la cible clientèle).

Rappelez-vous que la perfection n'existe pas : Il est impossible de créer un produit ou un service parfait dès le début. En adoptant l'idée de l'amélioration continue, vous vous libérerez de l'attente d'atteindre un résultat impeccable immédiatement.

4.2 Fixer des objectifs réalistes et atteignables

Fixez-vous des objectifs clairs, précis et réalisables. Fractionnez les tâches complexes en sous-tâches plus simples et plus faciles à accomplir. Cela vous aidera à avancer étape par étape et à obtenir des résultats concrets sans attendre la perfection.

Célébrez les petites victoires : En reconnaissant les petites avancées, mêmes imparfaites, vous renforcez votre motivation et combattez l'insatisfaction constante.

4.3 Redéfinir les critères de succès

Au lieu de viser la perfection, redéfinissez ce que signifie réussir pour vous. Concentrez-vous sur des objectifs **pragmatiques et mesurables**, comme la satisfaction des premiers clients, l'amélioration continue du produit ou l'acquisition progressive de compétences.

Acceptez l'imperfection comme partie intégrante du succès, Les erreurs et les imperfections sont des opportunités d'apprentissage. En tant qu'entrepreneur, il est essentiel d'accepter que l'échec ou les lacunes font partie du processus de croissance.

4.4 Apprendre à déléguer

Les perfectionnistes ont souvent du mal à déléguer, craignant que personne d'autre ne puisse faire aussi bien qu'eux. Pourtant, savoir déléguer est crucial pour la réussite d'une entreprise. Apprenez à **faire confiance à vos collaborateurs** et à accepter que d'autres puissent apporter une valeur différente, même si elle n'est pas parfaite selon vos critères.

Commencez petit : Déléguez d'abord de petites tâches, puis élargissez progressivement. Cela vous permettra de construire votre confiance en votre équipe tout en allégeant votre charge de travail.

4.5 Limiter le temps passé sur une tâche

Fixez des **limites de temps strictes** pour accomplir une tâche, et engagez-vous à la terminer, même si elle n'est pas parfaite. Cela vous obligera à avancer sans tomber dans la spirale des révisions infinies.

Utilisez des techniques comme la méthode Pomodoro pour travailler par intervalles limités, ce qui réduit la tentation de passer trop de temps à perfectionner des détails mineurs.

La **méthode Pomodoro** est une technique de gestion du temps qui consiste à travailler en cycles de **25 minutes de concentration**, suivis de **5 minutes de pause**. Après **4 cycles**, vous prenez une pause plus longue de **15 à 30 minutes**. L'idée première est d'améliorer la productivité en se concentrant pleinement pendant des périodes courtes et en prenant des pauses régulières pour éviter la fatigue mentale et rester motivé.

4.6 Demandez des avis externes

Plutôt que d'essayer de tout perfectionner seul, utilisez les **retours des autres** pour améliorer vos projets. Le feedback est un excellent outil pour corriger les erreurs de manière constructive et progresser plus rapidement.

Parfois, les autres voient des aspects que vous ne voyez pas, et leur perspective peut vous aider à avancer sans chercher la perfection.

4.7 Changer de perspective sur l'échec

Les perfectionnistes associent souvent l'imperfection à l'échec. Or, il est crucial de comprendre que l'échec n'est pas une fin, mais une opportunité d'apprendre et de s'améliorer. En **redéfinissant l'échec comme un apprentissage**, vous libérez de la pression de tout faire parfaitement dès le départ.

5. Conclusion : L'action prime sur la perfection

Le perfectionnisme est un frein majeur dans la création d'entreprise, car il paralyse l'action et retarde le lancement de projets. Il est essentiel de comprendre que **l'entrepreneuriat repose sur l'expérimentation** et l'amélioration progressive, plutôt que sur la perfection immédiate. Accepter l'imperfection, adopter une approche itérative, et se concentrer sur l'action plutôt que sur des normes inatteignables permettent de surmonter ce frein.

En entreprenariat, il est souvent préférable de **faire quelque chose imparfaitement que de ne rien faire du tout.**

Exercice simple mais efficace pour vaincre le perfectionnisme

L'exercice du "bon, puis mieux".

Cet exercice aide à déconditionner l'idée que tout doit être parfait dès le départ et vous pousse à avancer malgré l'imperfection. Il a pour objectif d'apprendre à lancer et à accepter les choses "bonnes" (plutôt que parfaites), puis les améliorer progressivement par itération.

Étapes :

1. **Choisissez une tâche simple :**
Sélectionnez une tâche dans votre projet entrepreneurial ou dans votre quotidien que vous avez tendance à perfectionner (exemple : rédiger une page de présentation de votre produit, créer un prototype simple, ou même répondre à un e-mail professionnel).

2. **Fixez un temps limité :**
Attribuez un temps limité pour la tâche, par exemple 30 minutes. L'objectif est de compléter la tâche dans le temps imparti, sans chercher à la perfectionner. Utilisez un chronomètre pour vous aider à respecter ce délai.

3. **Acceptez la version "bonne" :**
Une fois le temps écoulé, arrêtez-vous. Ce que vous avez réalisé est suffisant. Acceptez que cette version soit "bonne", même si elle n'est pas parfaite. Résistez à l'envie de la modifier immédiatement.

4.   **Revenons en arrière** :

Laissez la tâche de côté pendant une courte période (30 minutes à une heure). Cela vous permettra de prendre du recul et de voir les choses avec plus de perspective.

5.   **Faites une vérification** :

Revenez sur votre travail après le délai imparti, et cette fois, consacrez seulement 15 minutes pour améliorer un ou deux aspects spécifiques. Ne cherchez pas à tout refaire, mais concentrez-vous sur ce qui peut être amélioré de manière pragmatique.

6.   **Répétez avec d'autres tâches** :

Appliquez cet exercice à d'autres tâches que vous avez tendance à perfectionner. L'idée est de créer une habitude d'avancer rapidement et de s'améliorer progressivement, plutôt que de viser la perfection dès le début.

Résultat :

Cet exercice vous apprend à **vous satisfaire de l'avancement** plutôt que de la perfection, et à **adopter une approche itérative**. Il réduit la paralysie liée au perfectionnisme et vous habitue à avancer avec des étapes imparfaites mais concrètes, puis à ajuster en cours de route.

Chapitre 5

La peur du jugement des autres

La peur du jugement des autres, est un obstacle psychologique fréquent qui peut paralyser de nombreux aspirants entrepreneurs. Cette peur est liée à la crainte d'être mal perçu, ou rejeté par les autres, qu'il s'agisse de la famille, des amis, des collègues, ou de la société en général. Elle peut empêcher de prendre des risques, de présenter ses idées ou même de se lancer dans un projet entrepreneurial par peur de l'opinion d'autrui.

1. Nature et origines de la peur du jugement des autres

La peur du jugement des autres est ancrée dans plusieurs dimensions psychologiques et sociales. Tout d'abord, le besoin d'appartenance joue un rôle central, car l'être humain est indirectement social et cherche à se sentir accepté et apprécié par son groupe. Cette peur du rejet social pousse certaines personnes à adapter leurs actions et décisions aux attentes de leur entourage. De plus, l'éducation et l'environnement social influencent fortement cette peur ; Certains individus grandissent dans des milieux où l'opinion des autres revêt une importance capitale, que ce soit en raison de l'image de la famille, des attentes de réussite ou de la conformité aux normes sociales.

Les critiques passées peuvent également intensifier cette peur ; des expériences négatives où une personne a été moquée, rejetée ou ridiculisée pour ses idées ou actions peuvent créer une hypersensibilité au jugement des autres. Enfin, dans de nombreuses sociétés, la réussite est souvent vérifiée par des critères externes tels que la reconnaissance, le statut ou les possessions matérielles, de sorte que la crainte de ne pas atteindre ces normes ou d'échouer publiquement devient étroitement liée à la peur du jugement.

2. Manifestations de la peur du jugement des autres

Cette peur peut se manifester de différentes manières, parfois subtiles, dans le contexte de la création d'entreprise :

Procrastination : Certaines personnes retardent indéfiniment leurs projets par peur d'être jugées par leur entourage. Elles préfèrent ne pas avancer plutôt que de prendre le risque d'être évoquées.

Autocensure : L'entrepreneur peut se censurer en évitant de proposer des idées originales ou audacieuses, de peur d'être jugé comme naïf, irréaliste, ou incompétent.

Recherche d'approbation constante : Ceux qui souffrent de cette peur peuvent chercher constamment l'approbation de leurs proches, ce qui les empêche de prendre des décisions autonomes et d'oser des actions non conventionnelles.

Difficulté à promouvoir son projet : Le manque d'assurance dû à la peur du jugement peut entraîner une gêne à parler de son projet en public, à vendre son produit ou à communiquer avec les clients, par peur d'être mal perçu.

3. Conséquences de la peur du jugement des autres

Les répercussions de cette peur sur l'entrepreneur et son projet peuvent être importantes :

- **Opportunités manquées** : Le besoin d'approbation et la peur du rejet peuvent amener l'entrepreneur à refuser des opportunités ou à ne pas se lancer pleinement dans des projets prometteurs.
- **Conformité excessive** : La peur du jugement peut pousser un entrepreneur à rester dans une approche classique ou à éviter l'innovation. Il fuira les idées nouvelles ou audacieuses qui sont parfois les meilleurs.
- **Manque de confiance en soi** : Plus une personne se soucie du jugement extérieur, moins elle ose prendre des décisions autonomes. Cela peut créer un cycle de doute et d'inaction, où la peur de l'échec est amplifiée par la peur d'être jugé.
- **Échec à tester des idées** : L'innovation en entreprise nécessite souvent de tester des idées, même si elles ne sont pas toujours populaires ou comprises immédiatement. La peur du jugement peut empêcher ces tests, ralentissant ainsi la croissance et l'adaptation au marché.

4. Stratégies pour surmonter la peur du jugement des autres

Surmonter cette peur est essentiel pour un entrepreneur afin de prendre des risques, d'innover, et de s'engager pleinement dans son projet. Voici quelques stratégies pour y parvenir.

4.1 Changer de perspective sur le jugement

Une première étape consiste à **reformuler la perception du jugement des autres**. En réalité, les gens sont souvent concentrés sur leurs propres préoccupations et ne prêtent pas autant d'attention à nos actions qu'on le pense.

Demandez-vous combien de fois vous avez jugé durement les actions des autres, puis réfléchissez au fait que, la plupart du temps, le jugement des autres n'a qu'un impact limité sur leur parcours. Cela permet de relativiser l'impact potentiel du jugement externe.

4.2 Se concentrer sur ses propres valeurs

Plutôt que de chercher constamment l'approbation des autres, il est essentiel de **clarifier ses propres valeurs** et de s'y tenir. En vous concentrant sur ce qui est important pour vous, et non sur ce que les autres pensent, vous développerez plus de résilience face aux critiques ou aux jugements externes.

Définissez votre propre succès en établissant des critères personnels de réussite basés sur vos objectifs et vos valeurs, plutôt que sur les attentes de la société ou de votre entourage.

4.3 Développer la tolérance à l'échec et au rejet

L'entrepreneuriat est un domaine où l'échec et le rejet font partie du parcours. Apprendre à **tolérer l'échec et à accepter les critiques** sans se laisser submerger est crucial pour surmonter la peur du jugement.

Commencez par exemple à partager vos idées ou projets avec des cercles restreints et bienveillants. À mesure que vous gagnez en confiance, élargissez votre audience et acceptez que les retours puissent ne pas toujours être positifs. Cela vous aidera à développer une résistance à la critique.

4.4 Limiter l'impact des critiques

Il est essentiel de **distinguer les critiques constructives des jugements non fondés**. Toutes les critiques ne sont pas mauvaises. Les retours constructifs peuvent vous aider à vous améliorer, tandis que les jugements gratuits ne doivent pas être pris trop au sérieux.

Filtrez les critiques : Lorsque vous recevez une critique, demandez-vous si elle est basée sur des faits concrets et si elle peut vous aider à progresser. Si ce n'est pas le cas, mettez-la de côté et ne laissez pas son impact affecter votre motivation.

4.5 S'entourer de personnes positives et bienveillantes

L'entourage joue un rôle crucial dans le développement d'un projet entrepreneurial. En vous entourant de personnes bienveillantes, qui vous soutiennent et vous encouragent, vous réduisez la peur du jugement. Cherchez des mentors, des amis ou des collègues entrepreneurs qui ont une vision positive et qui peuvent vous offrir des retours constructifs sans jugement excessif.

4.6 Pratiquer l'autocompassion

La peur du jugement est souvent exacerbée par une **critique** sévère intérieure. Apprendre à se traiter avec bienveillance, à accepter ses erreurs et ses imperfections, est essentiel pour atténuer cette peur.

Chaque fois que vous vous sentez submergé par la peur d'être jugé, prenez un moment pour vous parler avec gentillesse, comme vous le feriez avec un ami proche. Rappelez-vous que personne n'est parfait, et que chaque tentative est un pas vers l'apprentissage.

4.7 Agir malgré la peur

La meilleure façon de surmonter la peur du jugement est de **passer à l'action** malgré cette peur. Chaque fois que vous agissez, même avec appréhension, vous renforcez votre résilience et réduisez l'importance du jugement des autres dans votre vie.

Pratiquez l'audace progressive en vous fixant un petit défi où vous savez que vous pourriez être jugé (Voir l'exercice page suivante). Réalisez-le malgré la peur. Petit à petit, ces actions audacieuses renforceront votre confiance et diminueront l'impact des opinions externes.

5. Conclusion : Se libérer du jugement des autres

La peur du jugement des autres est un frein psychologique important, mais elle peut être surmontée. En modifiant votre perspective, en vous recentrant sur vos valeurs personnelles, et en vous entourant d'un environnement bienveillant, vous pouvez apprendre à agir sans être paralysé par cette peur. **L'entrepreneuriat implique d'oser, d'innover, et parfois de se confronter aux critiques.** En acceptant cela comme partie intégrante du processus, vous vous donnez la liberté d'avancer malgré le regard des autres.

L'essentiel est de se rappeler que le jugement des autres n'a de pouvoir que celui que vous lui accordez. Ce qui compte vraiment, c'est votre propre vision et votre capacité à transformer vos idées en réalité, même si elles ne sont pas immédiatement comprises ou acceptées par tout le monde.

Un exercice simple et progressif pour vaincre la peur du jugement des autres.

Exercice : L'exposition graduée

Cet exercice consiste à s'habituer petit à petit à être jugé ou à s'exposer aux critiques dans des contextes de plus en plus audacieux, tout en prenant conscience que le jugement des autres n'a pas autant d'impact que ce que vous pourrait imaginer. L'objectif est d'apprendre à se confronter à des situations où l'on peut être jugé et à les gérer sans que la peur devienne paralysante.

1. **Choisissez un petit défi social :**
Choisissez une situation dans laquelle vous pourriez vous sentir légèrement jugée, mais qui n'est pas trop intimidante pour commencer. Il peut s'agir de :
   o Publier un post sur les réseaux sociaux qui parle de votre projet ou d'une opinion personnelle.
   o Partager une idée ou une réflexion lors d'une réunion ou d'une conversation de groupe.
   o Exprimer une opinion dans un petit groupe où tout le monde n'est pas nécessairement d'accord.

2. **Fixez un objectif précis :**
L'objectif doit être mesurable et réalisable. Par exemple : "Publier une idée d'entreprise sur mon compte LinkedIn cette semaine" ou "Poser une question lors de la prochaine réunion."

3. **Notez vos craintes avant de passer à l'action :**
Avant d'accomplir l'action, notez sur papier ce que vous redoutez que les autres puissent penser ou dire. Soyez précis sur vos inquiétudes : "Ils pourraient penser que mon idée est stupide", "Ils vont me critiquer."

4. **Réalisez l'action malgré la peur** :
Effectuez l'action que vous avez identifiée, même si vous ressentez de l'appréhension. Engagez-vous à agir, peu importe la peur du jugement.

5. **Observez les réactions** :
Après avoir réalisé l'action, observez comment les autres ont réagi. Souvent, vous découvrirez que le jugement redouté n'a pas eu lieu ou qu'il a été moins sévère que prévu.

6. **Analysez l'impact réel** :
Prenez un moment pour réfléchir aux conséquences réelles de cette action. Avez-vous vraiment subi des critiques ? Même si c'était le cas, étaient-elles aussi graves que vous l'aviez imaginé ? Comment vous sentez-vous après avoir osé ?

7. **Répétez l'exercice avec des défis plus importants** :
Une fois que vous êtes à l'aise avec ce premier niveau de défi, passez à un autre niveau légèrement plus audacieux. Exemple :
- Présenter une idée à un plus grand groupe ou dans un contexte plus formel.
- Publier un contenu qui vous expose davantage, comme une vidéo où vous parlez de votre projet.
- Solliciter des retours ou des critiques constructives sur un projet.

Résultat : Cet exercice vous aidera à vous habituer progressivement à être jugé ou à réfléchir sans que cela ne paralyse vos actions. Il vous montrera que la plupart des jugements que vous anticipez sont soit inexistants, soit moins graves que ce que vous imaginiez. Plus vous vous exposez à ces situations, plus la peur du jugement s'affaiblira.

Chapitre 6

Le besoin de sécurité financière

Le **besoin de sécurité financière** est un frein psychologique majeur qui empêche de nombreuses personnes de se lancer dans la création d'entreprise. Il est souvent motivé par la peur de perdre une source de revenus stable, de mettre en péril son bien-être matériel ou celui de sa famille, et de ne pas réussir à subvenir à ses besoins en cas d'échec. Dans un contexte entrepreneurial, où l'incertitude financière est souvent élevée, ce besoin peut devenir une barrière paralysante.

1. Le besoin de sécurité financière est un frein

Le besoin de sécurité financière est profondément ancré dans notre psychologie pour plusieurs raisons. Tout d'abord, il est lié à notre instinct de survie, car la sécurité financière touche directement nos besoins fondamentaux tels que se nourrir, se loger et prendre soin de notre santé. Ces besoins essentiels à notre survie sont menacés par l'incertitude, ce qui active des peurs profondes. De plus, le conditionnement social joue un rôle clé dans cette quête de sécurité. Dans notre société, un emploi stable et un revenu fixe sont souvent présentés comme des signes de réussite et de sécurité. Dès le plus jeune âge, on nous enseigne à privilégier des emplois stables offrant des revenus réguliers et des avantages sociaux, tout en évitant les risques financiers. En outre, les responsabilités familiales exacerbent ce besoin de sécurité financière ; Lorsqu'une personne à des charges telles qu'une famille à charge ou un prêt immobilier, la crainte d'un échec entrepreneurial se transforme en menace directe pour la stabilité familiale.

Enfin, l'incertitude qui entoure la création d'entreprise, notamment la possibilité de ne pas générer de revenus immédiats ou de perdre de l'argent, renforce la peur de l'échec et, par conséquent, la peur de perdre cette sécurité.

2. Manifestations de ce frein dans l'entrepreneuriat

Le besoin de sécurité financière se manifeste de différentes façons chez les aspirants entrepreneurs :

Hésitation à quitter un emploi salarié : Ceux qui ont un emploi stable et régulier hésitent à le quitter, même si l'idée de créer une entreprise les séduit. Le simple fait de laisser derrière eux une source de revenus stable est une barrière psychologique importante.

Difficulté à prendre des risques : L'entrepreneur qui se sent trop préoccupé par sa sécurité financière peut être réticent à prendre des risques nécessaires pour la croissance de son entreprise, comme investir dans un projet risqué, embaucher, ou explorer de nouveaux marchés.

Tendance à vouloir tout sécuriser : Par peur de l'incertitude, certaines personnes passent beaucoup de temps à essayer de sécuriser des garanties financières (fonds d'urgence, assurance, etc.), retardant le lancement de leur projet.

Pression émotionnelle : Le stress constant lié à l'incertitude financière peut affecter la capacité d'un entrepreneur à prendre des décisions rationnelles et à être créatif dans le développement de son projet.

3. Les conséquences de ce frein

L'effet de la peur liée au besoin de sécurité financière peut être extrêmement limitant pour un potentiel entrepreneur :

- **Procrastination** : De nombreuses personnes retardent sans cesse le lancement de leur entreprise en espérant accumuler davantage de sécurité financière avant de se lancer. Cependant, cet état de préparation constant peut devenir une forme de paralysie.
- **Manque d'investissement personnel** : Par peur de perdre de l'argent, un entrepreneur peut hésiter à investir suffisamment dans son projet, que ce soit en termes financiers ou en temps, ce qui peut limiter le potentiel de croissance de l'entreprise.
- **Opportunités manquées** : Par crainte des risques financiers, des opportunités intéressantes peuvent être ignorées, comme une offre de collaboration, un marché porteur ou une innovation audacieuse.

4. Stratégies pour vaincre ce frein

Bien que le besoin de sécurité financière soit une peur légitime, il est possible de le surmonter en adoptant des stratégies de gestion du risque et en réajustant sa relation à l'incertitude. Voici quelques approches pratiques pour y parvenir.

4.1 Établir un fonds de sécurité

Avant de quitter un emploi salarié ou de lancer une entreprise à plein temps, il est important de mettre en place un **fonds de sécurité**. Ce fonds est une épargne qui couvre vos besoins essentiels (loyer, nourriture, soins de santé, etc.) pendant une période déterminée (6 à 12 mois, par exemple). Cela réduit l'angoisse liée à l'absence de revenus immédiats pendant les débuts de l'entreprise.

Calculez combien d'argent vous avez besoin pour couvrir vos dépenses mensuelles essentielles. Multipliez ce montant par le nombre de mois pendant lequel vous souhaitez avoir un filet de sécurité. Fixez-vous ensuite un objectif d'épargne avant de quitter votre emploi ou de vous lancer à plein temps.

4.2 Conserver une activité à temps partiel

Une autre stratégie consiste à **garder une activité salariée à temps partiel** tout en développant son entreprise. Cela permet de maintenir une certaine stabilité financière tout en prenant le temps de construire son projet. Cela réduit le stress financier immédiat tout en vous donnant l'espace pour développer votre activité à votre rythme.

Négociez avec votre patron ou déterminez les activités à temps partiel qui pourraient s'adapter à vos compétences et à vos besoins, et qui vous laissent assez de flexibilité pour travailler sur votre entreprise en parallèle.

4.3 Planifier ses finances avec soin

L'une des meilleures façons de réduire l'anxiété financière est de **planifier ses finances de façon réaliste**. Créez un budget détaillé pour les premiers mois de votre entreprise et projetez vos besoins financiers. Cela inclut la préparation de **scénarios pessimistes**, où les revenus pourraient être plus faibles que prévu, pour éviter les surprises désagréables.

Élaborez un plan financier avec trois scénarios : optimiste (meilleurs résultats attendus), réaliste (résultats modérés), et pessimiste (résultats plus bas). En vous préparant au pire, vous réduisez le stress lié à l'incertitude.

4.4 Réduire les dépenses personnelles

Pour diminuer le besoin de revenus immédiats, il peut être utile de **réduire temporairement certaines dépenses personnelles**. Cela allège la pression financière et vous donne plus de temps pour développer votre entreprise sans être contraint de générer immédiatement des bénéfices importants.

Identifiez dans votre budget personnel les postes de dépenses qui peuvent être réduits ou supprimés temporairement. Cela pourrait inclure des abonnements non essentiels, des dépenses de loisirs, ou encore la réduction de certains coûts fixes.

4.5 Se lancer progressivement (bootstrapping)

L'approche du **bootstrapping** consiste à démarrer son entreprise avec très peu de ressources financières et à réinvestir les premiers profits pour la faire croître progressivement. Cela permet de limiter l'endettement et les risques financiers en cas d'échec.

Choisissez un modèle économique qui ne nécessite pas de gros investissements initiaux. Commencez par des services ou produits demandant peu de capital et réinvestissez les bénéfices pour faire grandir progressivement l'entreprise.

4.6 Changer la perception du risque

L'entrepreneuriat est souvent perçu comme une aventure risquée, mais il peut être utile de **revoir la perception que l'on a du risque**. Rester dans un emploi stable n'est pas toujours synonyme de sécurité absolue (risque de licenciement, saturation de l'industrie, etc.). L'entrepreneuriat, bien qu'incertain, offre des opportunités de contrôle, de flexibilité et de croissance.

Réfléchissez aussi aux **risques de ne pas entreprendre**. Par exemple, qu'arriverait-il si vous restiez dans un emploi qui ne vous satisfait pas pendant des années ? Quelles seraient les conséquences de ne jamais tester votre idée d'entreprise ?

4.7 S'entourer

Pour réduire l'incertitude et le stress lié à l'aspect financier, il est essentiel de **s'entourer d'experts**. Un comptable, un conseiller financier ou même des entrepreneurs ayant déjà vécu cette phase peuvent offrir des conseils précieux sur la manière de sécuriser ses finances tout en se lançant.

Vous pourriez par exemple, prendre rendez-vous avec un conseiller financier ou un entrepreneur expérimenté. Ainsi vous obtiendrez des retours sur votre plan financier et sur la gestion des risques associés à votre projet.

5. Conclusion : Transformer la peur en gestion proactive

Le besoin de sécurité financière est un frein important pour beaucoup de futurs entrepreneurs, mais il peut être surmonté grâce à des stratégies de planification et de gestion du risque. **L'objectif n'est pas de supprimer totalement le risque financier, mais de le gérer de manière à réduire son impact sur votre sérénité.** En réalisant une épargne de sécurité, en planifiant vos finances avec soin et en ajustant votre perception du risque, vous pouvez diminuer l'anxiété liée à l'incertitude tout en avançant de manière progressive dans votre projet entrepreneurial.

L'essentiel est de reconnaître que **l'incertitude est une composante inévitable de l'entrepreneuriat**, mais qu'avec les bonnes stratégies et un état d'esprit adapté, vous pouvez limiter ses effets et poursuivre votre vision avec plus de confiance.

Exercice simple pour commencer à surmonter le frein du besoin de sécurité financière

Lancer un mini-projet entrepreneurial à faible risque

Cet exercice permet de tester une idée d'entreprise à petite échelle, sans quitter son emploi ou nuire à sa sécurité financière, tout en gagnant en confiance dans sa capacité à générer des revenus autrement. Il permet de réduire l'angoisse liée à la perte de sécurité financière.

Étapes :
1. **Trouvez une idée d'entreprise simple :**
Choisissez une idée de projet qui demande peu de ressources initiales et qui peut être réalisée parallèlement à votre emploi actuel. Il peut s'agir de :
   o Vendre des services en ligne (conseil, freelance, coaching, etc.).
   o Créer et vendre des produits artisanaux, numériques ou des créations que vous pouvez produire vous-même.
   o Lancer une petite boutique en ligne avec des produits que vous pouvez tester sans gros stock initial (via des plateformes comme Etsy, eBay, ou en dropshipping).

2. **Fixez un budget minimal :**
Définissez un budget très réduit pour ce projet, comme 100 ou 200 euros. Le but est de tester votre capacité à créer de la valeur sans mettre en péril votre sécurité financière. Ce montant servira à couvrir des frais comme l'hébergement de votre site web, quelques matériaux pour un produit ou des outils marketing.

3. **Allouez du temps en dehors de vos heures de travail** :
Engagez-vous à consacrer quelques heures par semaine à votre mini-projet sans quitter votre emploi. Cela vous permettra de tester vos compétences entrepreneuriales tout en conservant une source de revenus stable.

4. **Suivez vos résultats** :
Notez tous vos résultats, même les plus modestes. Par exemple, combien d'argent avez-vous généré ? Qu'avez-vous appris en termes de gestion, de marketing ou de relation client ? Même un petit succès (comme votre premier client ou une vente en ligne) peut renforcer votre confiance et vous montrer qu'il est possible de créer des revenus progressivement.

5. **Évaluez votre confort face à l'incertitude** :
Réfléchissez à ce que cet exercice vous a informé sur votre tolérance à l'incertitude financière. Ressentez-vous moins d'angoisse maintenant que vous avez fait le premier pas ? Voyez-vous des façons de mieux gérer le risque dans votre projet plus vaste ?

6. **Répétez et adaptez** :
Une fois que vous avez réalisé ce premier mini-projet, réfléchissez à comment le développer ou à tester une autre idée. L'objectif est de **réduire progressivement votre peur de l'incertitude financière** en vous habituant à créer et gérer des petits projets avant de vous lancer pleinement.

Résultat :
Cet exercice vous montre qu'il est possible de commencer petit à petit, de générer des revenus, et de vous sentir plus à l'aise avec l'incertitude. Plus vous avancez, plus vous pourrez envisager de vous lancer dans un projet plus ambitieux avec confiance.

Chapitre 7

La peur de l'engagement et de la responsabilité

La **peur de l'engagement et de la responsabilité** est un frein psychologique qui empêche certaines personnes de se lancer dans l'entrepreneuriat. Elle se manifeste par une appréhension vis-à-vis des obligations à long terme et de la charge de responsabilité qui accompagne la gestion d'une entreprise. Cette peur repose souvent sur la crainte de perdre sa liberté personnelle, de devoir assumer seul les échecs, ou d'être confronté à des pressions financières, émotionnelles et opérationnelles.

1. Pourquoi a-t-on peur de l'engagement et des responsabilités ?

La peur de l'engagement et de la responsabilité est une problématique complexe qui touche de nombreuses personnes, notamment dans le contexte de l'entrepreneuriat et des choix de carrière. Cette peur peut se manifester de diverses manières, allant d'une réticence à prendre des décisions importantes à un refus d'investir pleinement son temps et ses ressources dans un projet. L'engagement, en effet, implique de promettre de consacrer des efforts, d'assumer des obligations et de faire face à des attentes, ce qui peut être particulièrement intimidant pour ceux qui craignent de ne pas être à la hauteur des défis qui se présentent à eux.

Au cœur de cette peur se trouve souvent l'angoisse face aux conséquences des choix que l'on doit faire. Pour beaucoup, l'idée de prendre une décision engagée peut susciter des doutes quant à leur capacité à réussir et à répondre aux exigences qui en découlent. Ce sentiment d'incertitude peut les amener à éviter des situations où ils seraient contraints de s'engager, même si ces opportunités pourraient conduire à un épanouissement personnel et professionnel. La peur de l'échec est également un facteur déterminant ; Ceux qui ressentent cette peur peuvent s'accrocher à des situations confortables et familiales, même si elles ne sont pas idéales, par crainte de prendre des risques et de se retrouver confrontés à des résultats négatifs.

De plus, la responsabilité qui accompagne un engagement peut sembler écrasante. S'engager dans un projet entrepreneurial ou un partenariat signifie souvent assumer des conséquences, qu'elles soient positives ou négatives. Pour certains, cette notion de responsabilité peut évoquer des souvenirs d'expériences passées où ils ont échoué ou déçu, renforçant ainsi l'idée que prendre des engagements pourrait les conduire à de nouvelles déceptions. Le poids des attentes sociales et familiales peut également exacerber cette peur. Dans des environnements où la réussite est valorisée, la pression pour performer et répondre aux normes peut créer une anxiété supplémentaire, rendant encore plus difficile l'acte de s'engager.

En somme, la peur de l'engagement et de la responsabilité est un frein significatif qui empêche de nombreuses personnes d'avancer vers leurs objectifs et de réaliser leurs ambitions. Elle se nourrit d'une combinaison de doutes personnels, de préoccupations sociales et d'expériences passées, ce qui peut créer un cercle vicieux difficile à briser. La prise de conscience de ces peurs et leur exploration peuvent cependant ouvrir la voie à une meilleure compréhension de soi et à une capacité à faire face à l'engagement de manière constructive et positive.

2. Manifestations de ce frein dans l'entrepreneuriat

Cette peur se manifeste de plusieurs manières chez les entrepreneurs potentiels :

Hésitation à prendre des décisions importantes : La peur de l'engagement peut mener à de l'indécision, car chaque choix semble trop lourd de conséquences.

Défaut de planification à long terme : Certains évitent de faire des plans détaillés pour leur entreprise, car cela implique de se projeter loin dans l'avenir, ce qui renforce la sensation d'engagement.

Tendance à choisir des projets "jetables" : Plutôt que de s'investir pleinement dans un projet d'entreprise avec des engagements, ils préfèrent s'investir dans des initiatives temporaires ou des contrats courts, de peur d'avoir à assumer des responsabilités de manière durable.

Procrastination : Le poids de la responsabilité peut entraîner une procrastination, car prendre des décisions ou faire avancer un projet signifie faire face à cette responsabilité.

3. Les conséquences de ce frein

La peur de l'engagement et de la responsabilité peut nuire de façon significative à une carrière entrepreneuriale :

- **Retard dans le lancement de l'entreprise** : Beaucoup de futurs entrepreneurs retardent indéfiniment leur lancement, attendant une situation "idéale" où ils se sentiraient plus confiants.

- **Manque de croissance** : Une fois lancés, certains entrepreneurs évitent de développer leur entreprise ou de saisir de nouvelles opportunités par peur de la charge supplémentaire que cela implique.
- **Abandon précoce** : Pour ceux qui se lancent malgré leurs craintes, cette peur peut mener à un abandon précoce du projet à la première difficulté, renforçant un cycle d'évitement de l'engagement.

4. Stratégies pour vaincre ce frein

La peur de l'engagement et de la responsabilité peut être surmontée en adoptant des techniques qui permettent de mieux gérer ses responsabilités et à se projeter dans l'avenir de manière sereine. Voici quelques stratégies pour y parvenir.

4.1 Décomposer les engagements en étapes progressives

La gestion de l'engagement devient plus facile lorsque l'on procède par étapes. Plutôt que de voir la création d'entreprise comme une décision irrévocable et définitive, il est possible d'y aller progressivement. Démarrer une activité en parallèle de son emploi, par exemple, ou commencer par un projet pilote réduit l'impression de "sauter dans le vide".

Divisez votre projet en petites étapes réalisables et défini des micro-objectifs pour chaque étape (par exemple, créer un site web, lancer une première version de votre produit). Cela vous permet d'avancer sans vous sentir immédiatement lié à un engagement massif.

4.2 Cultiver une mentalité d'acceptation de l'erreur

La peur de la responsabilité vient souvent de la crainte de l'erreur ou de l'échec. Il est important de **dédramatiser l'erreur** et de se rappeler que l'entrepreneuriat est un processus d'apprentissage.

Chaque semaine, notez une erreur que vous avez commise, ainsi que ce que vous avez appris de celle-ci. Cette pratique vous permettra de vous familiariser avec l'idée que les erreurs sont normales et bénéfiques.

4.3 Apprendre à déléguer progressivement

La responsabilité ne signifie pas tout faire soi-même. Apprendre à déléguer dès le début permet de réduire la charge mentale liée aux tâches de l'entreprise. Même en tant que petit entrepreneur, il est possible de déléguer certains aspects, que ce soit à des freelances ou à des prestataires externes.

Choisissez une tâche mineure mais chronophage (comme la gestion des réseaux sociaux ou la comptabilité de base) et déléguez-la. Vous verrez que déléguer ne compromet pas le contrôle de votre entreprise mais, au contraire, vous soulagez.

4.4 Fixer les limites de temps et d'investissement personnel

Pour atténuer la sensation de perte de liberté, définissez des limites claires à l'investissement que vous êtes prêt à mettre dans votre projet. Il est important de se donner du temps libre et de préserver son équilibre personnel pour ne pas être englouti par l'engagement entrepreneurial.

Définissez des horaires de travail pour votre projet d'entreprise et respectez-les. Par exemple, engagez-vous à ne pas travailler sur votre projet après 20 heures ou le week-end, afin de ne pas vous sentir "prisonnier" de votre entreprise.

4.5 Redéfinir la notion de liberté

Plutôt que de voir l'entrepreneuriat comme une perte de liberté, essayez de percevoir l'engagement comme un chemin vers une forme de liberté plus authentique. En construisant votre propre projet, vous avez la possibilité de créer un cadre qui vous correspond, d'être créatif et d'avoir plus de flexibilité à long terme.

Pensez à listez les aspects de l'entrepreneuriat qui, pour vous, incarnent une forme de liberté (pouvoir organiser vos horaires, choisir vos projets, exprimer votre vision). Chaque fois que la peur de l'engagement ressurgit, relisez cette liste.

4.6 Travailler sa vision et ses valeurs personnelles

Pour diminuer la peur de l'engagement, il est essentiel d'être clair sur ses motivations profondes et sur la vision que l'on veut apporter avec son entreprise. Une vision forte donne du sens à ses responsabilités, transformant l'engagement en quelque chose de valorisant plutôt qu'en une contrainte.

Je vous invite à rédigez une lettre à vous-même expliquant pourquoi vous souhaitez créer cette entreprise, en vous concentrant sur ce que vous voulez accomplir, sur la valeur que vous souhaitez apporter et sur les bénéfices que vous en tirerez personnellement. Relisez-la régulièrement pour renforcer votre motivation.

4.7 S'entourer de mentors et de paires

Faire face à la responsabilité seul peut être effrayant, mais avoir des mentors ou des paires dans le domaine entrepreneurial permet de partager les défis et les responsabilités. Échanger avec des personnes qui traversent les mêmes difficultés rend la charge mentale plus légère.

Vous pourriez rejoindre un réseau ou un groupe de soutien d'entrepreneurs (en ligne ou en présentiel) et partagez vos préoccupations. Vous verrez que beaucoup d'entrepreneurs éprouvent des sentiments similaires et que cela n'empêche pas le succès.

5. Conclusion : L'engagement comme levier de croissance

La peur de l'engagement et de la responsabilité est compréhensible, car créer une entreprise est une aventure avec des enjeux élevés. Cependant, en progressant étape par étape, en apprenant à déléguer, en cadrant son investissement personnel et en s'entourant de soutien, il est possible de transformer cette peur en une force motrice. Plutôt que de voir l'engagement comme une contrainte, il peut être envisagé comme un **levier de croissance personnelle et professionnelle**.

Lorsque l'engagement est aligné avec ses valeurs, sa vision et ses capacités, il devient plus supportable et enrichissant. En cultivant une mentalité d'apprentissage et en s'entourant d'un réseau de soutien, chaque entrepreneur peut apprendre à gérer ses responsabilités avec confiance et sérénité.

Exercice pratique, conçu pour vous habituer progressivement à la notion de responsabilité et d'engagement sans pression excessive.

Exercice des petits engagements

L'objectif est de S'engager dans des responsabilités mineures et limitées pour apprivoiser la peur de l'engagement et renforcer votre confiance dans votre capacité à gérer des responsabilités.

1. **Choisissez une petite responsabilité dans votre quotidien**
   Commencez par un engagement léger, qui ne vous semble pas trop intimidant et que vous pouvez facilement inclure dans votre routine quotidienne ou hebdomadaire. Voici quelques exemples :
   - *Assumer la gestion d'une tâche domestique précise (ex. : préparer les repas de la semaine).*
   - *Organisateur d'une petite sortie pour un groupe d'amis ou de famille.*
   - *Prendre en charge un projet simple au travail, comme coordonner une réunion ou rédiger un compte-rendu.*

2. **Fixez une limite de temps.**
   Engagez-vous pour une durée fixe, par exemple une semaine ou un mois, pour que cet engagement ne vous semble pas infini. Cela rend la responsabilité plus gérable et moins intimidante. Notez la date de début et de fin pour suivre votre progression et vous engager à fond durant cette période.

3. **Évaluez les défis et les bénéfices.**
   Chaque fois que vous accomplissez cette responsabilité, prenez quelques minutes pour noter :
   - *Ce qui a été facile ou difficile dans la tâche.*

o   Ce que vous avez ressenti en remplissant cet engagement.

o   Ce que vous avez appris ou apprécié dans ce processus.

4. **Réajustez et augmentez progressivement l'engagement.**

Après avoir terminé la période définie, prenez quelques jours pour réfléchir. Si vous vous sentez plus confiant, essayez d'ajouter une responsabilité légèrement plus importante. Cela peut être un projet à l'échelle d'un mois ou même un petit engagement professionnel ou associatif.

5. **Répétez l'exercice en graduellement l'intensité des engagements.**

Chaque fois que vous vous sentez à l'aise avec un niveau d'engagement, essayez de passer à une responsabilité un peu plus significative, jusqu'à ce que la peur initiale de l'engagement diminue. Avec le temps, votre perception de la responsabilité deviendra plus positive et gérable.

Résultat attendu :

En répétant cet exercice, vous constaterez une réduction de l'appréhension face à l'engagement. Vous commencez à percevoir les responsabilités comme des défis gérables et comme des étapes nécessaires dans votre progression vers l'entrepreneuriat.

Chapitre 8

La surcharge d'informations et la paralysie par l'analyse

La **surcharge d'information et la paralysie par l'analyse** freinent considérablement la prise de décision, surtout dans le contexte entrepreneurial. Ces freins reposent sur des mécanismes psychologiques profonds tels que l'incertitude, la peur de l'échec et le besoin de contrôle, qui conduisent l'individu à accumuler toujours plus d'informations. Bien que l'intention initiale soit de réduire les zones d'ombre et d'augmenter la confiance en soi, cette quête finit souvent par générer davantage de confusion et de doutes, qui caractérisent l'action. Plusieurs raisons expliquent cette dynamique complexe.

1. Les origines de la surcharge d'information et de la paralysie par l'analyse

La surcharge d'informations et la paralysie qui en résulte prennent racine dans plusieurs facteurs psychologiques. D'abord, la peur de l'échec pousse l'entrepreneur à accumuler des données dans l'espoir de réduire les risques et de prendre la meilleure décision possible. Cette quête de sécurité par la connaissance peut néanmoins se retourner contre lui, car plus il accumule d'informations, plus il se retrouve dépassé, ne sachant plus par où commencer ni quelle information prioriser. À cela s'ajoute un besoin de contrôle, qui s'intensifie face à l'incertitude. Cherchant à tout maîtriser, l'entrepreneur s'engage dans un cercle vicieux : chaque nouvelle recherche fait émerger de nouvelles questions, ce qui le pousse à accumuler encore plus de données pour se sentir en contrôle, bien qu'au final, cette démarche aggrave son indécision.

La crainte de l'engagement joue également un rôle essentiel dans cette dynamique. En restant dans une phase de collecte et d'analyse, l'entrepreneur peut éviter de s'engager pleinement et faire face aux responsabilités qui en découlent. Ce processus de recherche incessant lui offre un sentiment de confort temporaire, où l'action concrète est sans cesse reportée, le maintenant ainsi dans une zone de sécurité où la décision reste suspendue.

2 Les manifestations de la surcharge d'information et de la paralysie par l'analyse

Accumulation sans fin de données : L'entrepreneur peut passer des heures à lire des articles, des formations, étudier ses concurrents ou consulter des experts, créant ainsi une montagne d'informations suivre. Ces données, souvent contradictoires ou difficiles à organiser, rendent l'ensemble du projet encore plus flou et complexe.

Incapacité à passer à l'action : La surcharge d'informations accroît la peur de se tromper, entraînant une forme de procrastination paralysante. Plus les informations s'amoncellent, plus le sentiment de prendre une décision mal informée ou risquée grandit, repoussant indéfiniment le moment de l'action.

Saut d'une stratégie à l'autre : En fonction des nouvelles informations rassemblées, l'entrepreneur peut être tenté de changer régulièrement de direction, recherchant en permanence la meilleure stratégie. Ce comportement entraîne une dispersion de l'énergie, une perte de cohérence et une difficulté à construire un plan d'action solide.

Découragement et abandon : La surcharge d'informations peut devenir si accablante que l'entrepreneur finit par se décourager. Le projet semble alors complexe au point de provoquer l'abandon, renforçant l'idée que l'initiative initiale était trop ambitieuse ou irréaliste.

3. Les conséquences de la surcharge d'information et de la paralysie par l'analyse

L'accumulation d'informations et l'analyse excessive ont plusieurs impacts négatifs :

- **Perte de temps** : Le temps passé à rechercher et analyser des informations aurait pu être utilisé pour expérimenter et tester directement le projet sur le terrain.
- **Manque de confiance** : L'incapacité à se décider entraîne une perte de confiance en ses propres capacités, car chaque décision semble trop risquée ou insuffisamment fondée.
- **Opportunités manquées** : À force d'attendre la certitude absolue, on passe à côté d'opportunités qui auraient pu être saisies si l'on avait agi plus rapidement.
- **Énergie mentale réduite** : L'énergie consacrée à analyser et à traiter les informations finies par épuiser l'entrepreneur, avant même d'avoir lancé son projet.

En somme, bien que la recherche d'information soit essentielle pour réussir, l'excès peut devenir un frein redoutable, alimentant le doute, la confusion et l'inaction. Comprendre ces mécanismes et adopter une approche plus structurée et limitée dans la collecte d'informations est cruciale pour avancer dans la prise de décision et concrétiser ses ambitions.

4. Comment surmonter la surcharge d'information et la paralysie par l'analyse ?

Surmonter ces freins implique de développer des stratégies pour limiter les recherches, simplifier les décisions, et oser passer à l'action. Nous allons voir quelques approches pour y parvenir.

4.1 Fixer une limite de temps pour la recherche

Au lieu de se perdre dans une quête sans fin d'informations, fixez une durée maximale pour la phase de recherche. Par exemple, allouez une semaine pour analyser le marché et trois jours pour comprendre les aspects financiers, puis passez à l'étape suivante, quelle que soit la quantité d'informations accumulées.

4.2 Décomposer les décisions en étapes simples

Plutôt que de chercher à prendre toutes les décisions à la fois, divisez votre projet en plusieurs petites étapes. Engagez-vous à chaque fois sur une étape qui implique une prise de décision limitée et claire.

Par exemple, commencez par une étude de marché rapide pour valider l'intérêt d'un produit, puis lancez un prototype en version bêta pour tester sa réception auprès d'un petit groupe de clients.

4.3 Utiliser la règle des « 70 % de certitude »

Dans le domaine de l'entrepreneuriat, la perfection est souvent l'ennemi de l'action. Une règle efficace consiste à se lancer dès que vous êtes convaincu à environ 70 % de la validité d'une décision. Laissez une marge d'incertitude, car vous pourrez ajuster votre projet en fonction du retour d'expérience réelle.

4.4 Apprendre en agissant

Un moyen efficace de contrer la paralysie par l'analyse est de passer rapidement au test concret de l'idée. Lancer un produit minimum viable (MVP) permet de tester l'idée en conditions réelles avec un investissement minimal. Cette approche offre l'opportunité de récolter des informations pratiques issues du marché plutôt que de théoriser indéfiniment. En entreprenant des actions modestes, vous apprendrez en chemin sans risquer de grosses erreurs

4.5 Limiter les sources d'informations et choisir ses experts

Plutôt que de s'éparpiller en lisant de nombreux avis et articles, sélectionnez deux ou trois sources fiables et quelques experts en qui vous avez confiance. Réduire le flux d'informations permet de se concentrer sur l'essentiel et d'éviter les avis contradictoires qui renforcent la paralysie.

5. Conclusion : De l'analyse à l'action progressiste

La surcharge d'information et la paralysie par l'analyse sont des freins puissants mais surmontables. En définissant des limites claires pour la recherche, en privilégiant l'action à l'analyse, et en acceptant une part d'incertitude, vous pourrez avancer dans votre projet malgré des informations partielles. Gardez en tête que le véritable apprentissage se fait souvent en cours de route, et que l'entrepreneuriat repose en grande partie sur la capacité à ajuster et à s'adapter au fil de l'expérience.

Exercice facultatif mais pratique !

Pratiquez cet exercice pratique pour surmonter la surcharge d'information et la paralysie par l'analyse.

Exercice des « 3 sources, 3 jours, 3 actions »

1. Limitez les recherches à trois sources fiables.
Choisissez trois sources d'informations principales et ignorez le reste. Cela peut être un site de référence dans votre domaine, un livre ou un expert que vous consultez directement.

2. Limitez le temps de recherche à trois jours
Allouez trois jours pour la phase de recherche. Pendant ce temps, concentrez-vous sur les informations essentielles pour le lancement. À la fin des trois jours, cessez les recherches.

3. Définissez trois premières actions
Listez trois actions concrètes que vous pouvez réaliser immédiatement sur la base des informations disponibles. Engagez-vous à les mettre en œuvre dans la semaine suivante. Ces actions peuvent inclure la création d'un prototype, l'organisation d'un sondage auprès de clients potentiels, ou la mise en ligne d'une première version de votre site web.

Chapitre 9

La crainte du rejet et de la concurrence

La **crainte du rejet et de la concurrence** peut freiner l'envie de se lancer, décourager les premières étapes d'un projet, ou réduire la persévérance nécessaire pour réussir. Cette peur s'exprime par la crainte de ne pas être acceptée par le marché, de ne pas attirer de clients, ou d'être dominé par la concurrence.

1. Un frein à l'entrepreneuriat

La peur du rejet et de la concurrence est une réaction humaine, profondément ancrée dans les préoccupations d'acceptation sociale, de validation et d'auto-évaluation, qui peut limiter considérablement l'élan entrepreneurial. Ce frein s'explique par la crainte de l'échec et de la désapprobation, car pour de nombreux entrepreneurs, leur projet représente une extension d'eux-mêmes. L'idée qu'un projet puisse être rejeté est alors vécue comme un rejet personnel, ce qui peut être difficile à supporter émotionnellement. En tant qu'êtres sociaux, la validation et l'acceptation des autres jouent un rôle crucial dans la construction de l'estime de soi, et l'éventualité que le marché ne répond pas favorablement au projet peut être interprétée comme une désapprobation globale. Ce sentiment de non-validation crée un malaise qui pousse certains à ne pas se lancer pour protéger leur estime de soi.

L'inquiétude face à la concurrence accentue également ce frein : savoir que des entreprises similaires existantes peut susciter des doutes sur la capacité de l'entrepreneur à se démarquer et à réussir dans un environnement où l'offre est déjà saturée. Ce phénomène est renforcé par la comparaison sociale. En observant les réussites de leurs concurrents, certains entrepreneurs peuvent développer un sentiment d'infériorité, craignant de ne jamais atteindre le même niveau. Cette perception crée une barrière psychologique supplémentaire, convainquant parfois les entrepreneurs qu'ils risquent de faillir avant même d'avoir tenté leur chance et freinant ainsi leur envie d'avancer dans leur projet.

2. Manifestations de la crainte du rejet et de la concurrence

Cette peur peut se manifester de diverses manières dans le processus de création d'entreprise :

Procrastination et report du lancement : Par crainte du rejet ou de ne pas être au niveau des concurrents, les entrepreneurs hésitent à lancer leur projet ou attendent indéfiniment que leur produit soit parfait.

Hésitation à commercialiser ou à faire de la publicité : Certains entrepreneurs évitent de promouvoir leur produit ou service par peur du jugement du public ou de la réaction de leurs concurrents. Cela conduit à un manque de visibilité et à un faible engagement du marché.

Remise en question constante de la viabilité du projet : Face à la concurrence, beaucoup d'entrepreneurs peuvent douter de leur idée, la trouvant insuffisamment unique, intéressante ou performante par rapport aux autres offres disponibles.

Autocensure : Les entrepreneurs peuvent hésiter à s'exprimer sur des idées innovantes ou audacieuses par crainte que ces idées soient mal reçues ou réfléchies.

3. Les conséquences des craintes du rejet et de concurrence

La peur du rejet et de la concurrence peut avoir des impacts importants sur le succès d'un projet entrepreneurial :

- **Frein à l'innovation** : Les entrepreneurs qui craignent le rejet ou la concurrence peuvent se contenter de suivre les tendances au lieu d'essayer d'innover ou d'apporter quelque chose de vraiment unique. Cette approche conservatrice peut réduire leur attractivité et leur compétitivité.
- **Démotivation et perte de persévérance** : La peur de l'échec potentiel, renforcée par la crainte de la concurrence, peut entraîner une perte de motivation. Face aux difficultés, l'entrepreneur peut facilement abandonner, se sentant incapable de rivaliser ou de convaincre.
- **Diminution de la confiance en soi** : La peur de la comparaison et du jugement affaiblit la confiance de l'entrepreneur, qui finit par douter de ses capacités à proposer quelque chose de valable. Ce manque de confiance limite sa capacité à promouvoir son produit et à engager des actions déterminantes pour le succès de son entreprise.

4. Comment surmonter la crainte du rejet et de la concurrence ?

Il est possible de transformer cette peur en une force motrice, en adoptant des stratégies qui réduisent l'impact de la peur du rejet et permettre de voir la concurrence sous un angle plus positif.

4.1 Changer de perspective sur le rejet et la concurrence

Plutôt que de voir le rejet comme un échec personnel, essayez de le considérer comme un apprentissage et une opportunité de progression. Le rejet permet souvent d'identifier des aspects de son projet à améliorer, tandis que la concurrence prouve qu'il existe un marché pour le produit ou le service.

Il est intéressant de noter chaque « rejet » ou critique que vous recevez comme une leçon et tirez-en un apprentissage concret. Par exemple, si un client potentiel rejette votre offre, interrogez-le gentiment sur ce qu'il aurait aimé voir à la place.

4.2 Développer sa propre proposition de valeur

Se concentrer sur ce qui rend votre projet unique réduit la peur de la concurrence, car cela vous permet de vous démarquer. Plutôt que de chercher à être le meilleur dans tous les domaines, identifiez un élément clé qui rend votre produit ou service unique.

Réfléchissez à la proposition de valeur unique de votre produit/service. Demandez-vous : « Pourquoi mes clients me choisissent-ils plutôt qu'un concurrent ? ».

4.3 Utiliser la concurrence comme source d'inspiration

Au lieu de voir la concurrence comme une menace, voyez-la comme une source d'inspiration. Observez ce que font vos concurrents, apprenez de leurs succès et de leurs échecs, et cherchez des moyens d'améliorer ou de différencier votre propre offre en conséquence.

Analysez un concurrent direct et listez trois points forts et trois points faibles de son offre. Ensuite, réfléchissez à la façon dont vous pouvez vous inspirer de ses forces et tirer parti de ses faiblesses pour affiner votre propre produit ou service.

4.4 Fixer des objectifs d'amélioration

Plutôt que de viser à surpasser immédiatement vos concurrents, fixez-vous des objectifs de progression. En cherchant à améliorer continuellement votre produit, votre marketing ou votre service client, vous restez motivé sans vous laisser intimider par le niveau actuel de la concurrence.

Chaque mois, identifiez une compétence ou un aspect de votre entreprise à améliorer. Cela peut être votre stratégie marketing, l'expérience utilisateur de votre site web, ou la qualité de votre produit. Fixez un objectif spécifique et mesurable pour suivre votre progression.

4.5 Construire un réseau de soutien et de feedback

Entourez-vous de mentors, d'autres entrepreneurs ou de clients de confiance pour partager vos idées et recevoir du feedback constructif. Un réseau de soutien vous aide à prendre du recul sur la peur du rejet en offrant des perspectives externes sur votre projet.

5. Conclusion

La crainte du rejet et de la concurrence est un frein que l'on peut surmonter en apprenant à voir la critique et l'échec comme des étapes d'apprentissage, et en se concentrant sur sa propre proposition de valeur. En adoptant une approche d'amélioration continue, en développant des stratégies de différenciation et en se construisant un réseau de soutien, la peur peut devenir un moteur de croissance et un facteur de réussite. La concurrence, plutôt que d'être un ennemi, peut alors être vue comme une source d'inspiration et de motivation.

Exercice pratique pour vaincre la peur du rejet et de la concurrence :

Exercice de simulation de « l'échec accepté »

Cet exercice vous aide à affronter et désensibiliser la peur du rejet en vous exposant volontairement à des mini-rejets simulés dans un environnement contrôlé.

1. **Choisissez une action qui pourrait vous exposer à un rejet léger.**
Par exemple, envoyez un e-mail de présentation de votre produit à une petite liste de clients potentiels, ou demandez un feedback direct à un professionnel de votre secteur.

2. **Acceptez la possibilité d'un rejet**
Avant d'agir, acceptez mentalement la possibilité d'un refus. Visualisez le rejet comme une expérience de « non » temporaire, mais nécessaire pour progresser. Cela aide à préparer votre esprit à une éventuelle réponse négative.

3. **Rassemblez les feedbacks et tirez des leçons**
Si vous recevez un rejet, notez-en les causes. Si le retour est constructif, identifiez ce que vous pourriez ajuster pour améliorer votre projet. Si le retour est vague ou peu utile, apprenez à accepter que tous les rejets ne soient pas pertinents.

4. **Augmentez progressivement l'intensité des actions**
Avec le temps, augmentez l'ampleur des actions exposant à de potentiels rejets. Par exemple, proposez votre produit à une audience plus large ou sollicitez des critiques directes de personnes influentes. Progressivement, cette exposition au rejet rendra votre esprit plus résistant aux refus et vous permettra de mieux gérer la concurrence.

Chapitre 10

Les croyances limitantes

Les **croyances limitantes** sont des convictions personnelles profondément ancrées qui influencent notre vision du monde et de nous-mêmes, mais qui, surtout, limitent nos capacités d'action. Elles agissent comme des filtres mentaux, influençant nos pensées et nos comportements de manière souvent inconsciente. Ces croyances peuvent être des barrières significatives lorsqu'il s'agit de se lancer dans des projets ambitieux comme la création d'une entreprise.

1. Qu'est-ce qu'une croyance limitante ?

Une croyance limitante est une idée que nous considérons comme une vérité absolue, bien qu'elle ne soit ni objectif ni universelle. Ces croyances proviennent généralement de nos expériences passées, de notre éducation, de la culture ambiante, ou des influences familiales et sociales. Elles créent des cadres de pensée qui façonnent la manière dont nous interprétons le monde et, souvent, justifient nos peurs et nos doutes.

Exemples de croyances limitantes en entrepreneuriat :

- *« Il faut être né avec un talent spécifique pour réussir. »*

- « *Les entrepreneurs sont des preneurs de risques extrêmes ; ce n'est pas pour moi.* »
- « *J'ai besoin d'un capital important pour démarrer.* »
- « *Je ne suis pas assez compétent(e) pour gérer une entreprise.* »
- « *Je ne réussirai jamais à me démarquer dans un secteur si performant.* »

Ces croyances deviennent des freins parce qu'elles conditionnent nos pensées et nos actions de manière subtile mais persistante, souvent en nous poussant à éviter les risques, à sous-évaluer nos capacités, ou à nous conformer à des normes qui ne respectent pas nos véritables aspirations.

2. Origines des croyances limitantes

Les croyances limitantes se forment par un processus complexe d'influences externes et de construction personnelle. Les principales sources incluent :

Les expériences personnelles : Nos échecs et succès passés influencent notre perception de nos compétences et de nos possibilités futures. Par exemple, une expérience d'échec peut nous amener à penser que nous ne sommes pas capables de réussir dans un domaine donné.

L'éducation et la famille : Les croyances inculquées par nos parents ou nos enseignants sont puissantes. Par exemple, si l'on entendait souvent « l'argent est difficile à gagner », on pourrait développer une relation restrictive avec l'argent, percevant l'entrepreneuriat comme risqué ou inaccessible.

La culture et les médias : La société véhicule des idées et des stéréotypes sur le succès, l'échec et la carrière. Ces influences peuvent renforcer des idées comme « seuls les plus talentueux réussissent » ou « l'entrepreneuriat est réservé aux gens audacieux et chanceux ».

Comparaison sociale : Observer les réussites des autres peut créer des croyances de type « je n'ai pas les mêmes atouts » ou

« ils ont réussi parce qu'ils ont eu de la chance », sans considérer les défis que ces personnes ont dû surmonter.

3. Les impacts des croyances limitantes en entrepreneuriat

Les croyances limitantes peuvent créer des blocages psychologiques et freiner la progression d'un entrepreneur. Voici les principaux impacts de ces croyances :

- **Autosabotage** : Les croyances limitantes poussent souvent à se contenter de la médiocrité ou à ne pas poursuivre des objectifs ambitieux, limitant le potentiel de croissance de l'entreprise.
- **Procrastination et hésitation** : Lorsqu'on pense qu'on n'est pas capable, on tend à retarder les décisions importantes ou à éviter les étapes essentielles, comme investir dans une campagne marketing, rencontrer des partenaires potentiels, ou développer des produits innovants.
- **Manque de confiance en soi** : En croyant que certaines compétences ou qualités sont hors de portée, on n'investit pas en soi pour développer ces aspects. Cela nuit à la confiance en soi et renforce la peur de l'échec.
- **Vision restreinte** : Les croyances limitantes empêchent d'imaginer des solutions ou des stratégies différentes, car elles restreignent notre vision à ce que nous croyons possible ou réalisable. Cela limite l'innovation et l'originalité.
- **Attirance pour la zone de confort** : En pensant que certaines démarches sont impossibles, on évite de s'engager dans des actions nouvelles ou inconfortables, comme aller à la rencontre de prospects ou parler de son projet en public.

4. Comment surmonter les croyances limitantes ?

Heureusement, il est possible de déconstruire et de surmonter les croyances limitantes en les remplaçant par des convictions plus positives et constructives.

4.1 Identifier ses croyances limitantes

La première étape est de devenir conscient des croyances qui freinent notre progression. Pour cela, prenez un moment pour noter toutes les pensées négatives ou les idées récurrentes qui surgissent lorsque vous envisagez de vous lancer dans votre projet.

Notez chaque pensée qui commence par « Je ne peux pas… » ou « Je ne suis pas assez… ». Demandez-vous ensuite si ces affirmations sont fondées sur des faits ou sur des suppositions.

4.2 Remettre en question et analyser ces croyances

Une fois les croyances identifiées, il est essentiel de les remettre en question. Demandez-vous si elles sont réellement vraies ou si elles proviennent de peurs non fondées ou d'influences extérieures.

Demandez-vous : « Sur quoi est-ce que je me base pour croire cela ? ». Essayez de trouver des contre-exemples : des entrepreneurs qui ont réussi ou des personnes de votre entourage qui ont surmonté des défis similaires.

4.3 Remplacer vos croyances limitantes

Pour chaque croyance limitante identifiée, essayez de la remplacer par une affirmation positive et constructive. Par exemple, remplacez « Je ne suis pas assez compétent(e) » par « Je peux acquérir les compétences dont j'ai besoin, étape par étape ».

Identifiez chaque croyance limitante et trouvez une croyance alternative qui encourage à aller de l'avant. Pensez à ces affirmations constructives régulièrement, en les renforçant par des actions concrètes.

4.4 Appliquer la méthode des petits pas

Pour réduire la puissance de vos croyances limitantes, passez à l'action par étapes progressives. Chaque petit succès renforcera votre sentiment de compétence et ébranlera la validité de vos croyances négatives.

Décomposer un objectif ambitieux en petites actions réalisables. Si vous craignez de ne pas pouvoir parler de votre projet en public, commencez par en parler avec une personne de confiance, puis avec un petit groupe. À chaque étape réussie, votre croyance limitante perdra de son pouvoir.

4.5 Entourez-vous de modèles et de personnes positives

Être entouré de personnes qui inspirent et encouragent peut vous aider à changer de perspective sur ce qui est possible. Observer d'autres entrepreneurs ayant surmonté des défis similaires peut être une source de motivation puissante.

L'histoire de chaque réussite est unique et souvent remplie d'obstacles, ce qui démontre que les croyances limitantes peuvent être surmontées.

5. Conclusion

Les croyances limitantes sont des obstacles puissants, mais elles ne sont pas immuables. En apprenant à les identifier, à les déconstruire, et à les remplacer par des pensées constructives, il est possible de libérer son potentiel entrepreneurial. L'entrepreneuriat est avant tout un voyage d'apprentissage et d'adaptation, où chaque étape offre l'opportunité de transformer ses doutes en sources de motivation et de résilience.

La clé est de reconnaître que nos croyances façonnent notre réalité : en modifiant nos convictions, nous ouvrons de nouvelles perspectives et augmentons nos chances de succès.

Exemple d'exercice pratique pour déconstruire une croyance limitante

Exercice de « la preuve contraire »

Cet exercice aide à démonter une croyance limitante en recherchant activement des preuves du contraire.

1. **Identifiez une croyance limitante**
Choisissez une croyance limitante que vous avez identifiée, comme : « Je n'ai pas les compétences nécessaires pour réussir. »

2. **Cherchez trois exemples de personnes ayant réussi malgré un manque de compétences initiales**
Recherchez des histoires d'entrepreneurs qui ont commencé sans qualifications ou peu de moyens.

3. **Notez comment ils ont compensé ce manque de compétences.**
Par exemple, certains entrepreneurs ont pris le temps de se former en autodidactes, ont cherché des partenariats, ou ont appris au fur et à mesure.

4. **Répétez cet exercice avec d'autres croyances limitantes.**
En vous exposant régulièrement à des contre-exemples, vous commencez à internaliser l'idée que vos croyances limitantes ne sont pas des vérités absolues, mais plutôt des perceptions modifiables.

Chapitre 11

La peur du changement et de l'inconnue

La **peur du changement et de l'inconnu** est un frein psychologique courant et profond, en particulier dans le contexte entrepreneurial. Cette peur est liée à notre instinct naturel de protection : l'inconnu est perçu comme un danger potentiel, et le changement exige d'abandonner les repères familiers. Pourtant, le changement est inévitable dans la création d'entreprise, qui est souvent un saut vers l'inconnu avec des enjeux financiers, émotionnels et professionnels importants.

1. La peur du changement et de l'inconnu est un obstacle

La peur du changement et de l'inconnu constitue un obstacle majeur pour de nombreuses personnes, et les raisons qui sous-tendent cette crainte peuvent varier d'un individu à l'autre, même si certains facteurs communs se retrouvent fréquemment. D'abord, le changement implique de passer d'une situation stable et familière à une nouvelle situation incertaine, générant souvent un sentiment de perte de contrôle qui peut être difficile à supporter. Ensuite, l'inconnu est souvent perçu comme un terrain semé de pièges potentiels, ce qui amène alors à redouter les erreurs, les jugements erronés et les échecs, renforçant ainsi notre tendance à éviter les situations nouvelles. Ce besoin de certitude est très naturel car la plupart des gens aspirent à une forme de prévisibilité, et le changement, en introduisant des éléments imprévisibles, entre directement en conflit avec cette aspiration au contrôle.

À cela s'ajoutent des influences sociétales et familiales, car dans certaines cultures et familles, la stabilité est fortement valorisée, ce qui pousse bien souvent les individus vers des parcours plus sûrs, éloignés de l'aventure entrepreneuriale. Enfin, beaucoup tendent à se dévaloriser, doutant de leurs compétences ou de leurs qualités pour faire face à l'inconnu, ce qui alimente davantage leur appréhension face à ce qui leur semble incertain.

2. Manifestations de la peur du changement et de l'inconnu

Cette peur se manifeste de différentes façons chez ceux qui envisagent de se lancer dans l'entrepreneuriat :

Refus de quitter un emploi stable : Beaucoup hésitent à quitter leur emploi pour lancer leur entreprise, craignant de perdre leur sécurité financière et les avantages sociaux.

Procrastination et blocages : Les entrepreneurs hésitent souvent à prendre des décisions ou à franchir des étapes importantes par peur des résultats imprévisibles.

Tendance à se raccrocher aux routines et processus connus : Certains évitent d'innover ou d'explorer de nouvelles méthodes dans leur entreprise pour ne pas bouleverser leur routine de travail ou leur environnement de confort.

Sur-analyse et recherche de sécurité absolue : La peur de l'inconnu pousse certains à accumuler des informations sans fin ou à attendre un « moment parfait » pour se lancer, ce qui entraîne souvent de la paralysie par l'analyse.

3. Les conséquences de la peur du changement et de l'inconnu

Les effets de cette peur peuvent être profonds et durables, freinant la progression de l'entrepreneur et affectant l'entreprise elle-même :

- **Opportunités manquées** : L'hésitation face au changement peut empêcher de saisir des occasions de croissance ou de pivot, qui sont souvent essentielles pour rester performant.
- **Manque de réactivité face aux évolutions du marché** : Les marchés évoluent constamment, et les entrepreneurs doivent être capables de s'adapter. Ceux qui craignent le changement risquent de se retrouver rapidement dépassés.
- **Dépendance excessive aux méthodes et processus obsolètes** : S'accrocher aux anciennes méthodes peut limiter l'innovation et empêcher l'entreprise de se renouveler face à la concurrence.
- **Confiance en soi réduite** : En refusant de se confronter à l'inconnu, l'entrepreneur peut développer une vision restrictive de lui-même, limitant sa capacité à entreprendre et à progresser dans son parcours professionnel.

4. Comment surmonter la peur du changement et de l'inconnu ?

Bien que la peur du changement et de l'inconnu soit naturelle, il existe plusieurs méthodes pour la surmonter et mieux la gérer.

4.1 Adopter une mentalité de croissance

La mentalité de croissance est l'idée que les compétences peuvent être développées avec le temps et que chaque expérience, réussie ou non, est une opportunité d'apprendre. En intégrant cette perspective, l'inconnu devient moins effrayant car il est perçu comme une occasion de se développer.

Pour chaque défi ou étape inconnue, posez-vous la question : « Qu'est-ce que je peux apprendre de cette situation, même si ça ne se passe pas comme prévu ? Cet état d'esprit vous permettra d'aborder l'inconnu avec plus de flexibilité.

4.2 Pratiquer la prise de risques mesurés

Prendre des risques n'implique pas de tout miser en une seule fois. En vous exposant progressivement à des changements contrôlés, vous développez une résilience et une habitude d'explorer des terrains inconnus sans ressentir une peur écrasante.

Fixez-vous de petits défis chaque semaine pour sortir de votre zone de confort. Par exemple, expérimentez un nouveau canal marketing, ou demandez un retour honnête d'un partenaire sur une idée d'amélioration. Progressivement, ces petits risques renforceront votre confiance face à des enjeux plus importants.

4.3 Visualiser positivement le futur

En visualisant le succès et les avantages que vous pourriez tirer du changement, il devient plus facile d'avancer vers l'inconnu. Cette technique aide à détourner l'attention des scénarios catastrophes.

Imaginez votre entreprise dans un an, après avoir franchi certains obstacles inconnus. Notez les bénéfices et les nouvelles compétences que vous développerez. La visualisation positive réduit l'anxiété et aide à se projeter au-delà de l'inconfort initial.

4.4 Développer des plans d'action et des scénarios

Planifier en amont et envisager plusieurs scénarios possibles pour chaque décision permet de réduire l'incertitude et de se sentir mieux préparé. Même si tout ne se passe pas comme prévu, le fait d'avoir anticipé plusieurs options diminue la peur de l'inconnu.

Pour chaque grande décision, élaborez un plan d'action comportant trois scénarios : l'idéal, l'acceptable et le pire. Établissez un plan d'urgence pour le scénario du pire. Ce type de préparation mentale et stratégique réduit l'anxiété liée à l'incertitude.

5. Conclusion : Transformer la peur du changement en moteur de croissance

La peur du changement et de l'inconnu est une réaction naturelle, mais elle ne doit pas devenir un obstacle paralysant. En adoptant une approche progressive, en s'entourant de mentors, en pratiquant la prise de risques mesurés et en visualisant le futur positivement, cette peur peut devenir un moteur de développement personnel et professionnel. Embrasser le changement et l'incertitude est une compétence essentielle pour un entrepreneur, car le monde des affaires est en constante évolution, et ceux qui acceptent d'avancer dans l'inconnu sont souvent ceux qui découvrent les meilleures opportunités.

Exercice pratique pour surmonter la peur du changement et de l'inconnu

Exercice de la « zone d'inconfort progressif »

Cet exercice aide à apprivoiser progressivement l'inconnu en intégrant des expériences nouvelles à un rythme contrôlé.

1. **Établissez une liste de 5 petites actions qui vous mettent légèrement mal à l'aise.**

Cela peut inclure des actions comme parler de votre projet à une nouvelle personne, tester une nouvelle méthode de travail, ou essayer une activité inédite.

2. **Définissez un planning pour accomplir une action chaque semaine**

Faites de chaque petite action une étape que vous franchisez volontairement. Ces expériences élargiront progressivement votre zone de confort.

3. **Évaluez votre ressenti après chaque étape franchie**

Notez ce que vous avez ressenti avant et après avoir accompli chaque action. Observez comment la perception de l'inconnu change avec l'expérience.

4. **Augmentez progressivement la difficulté des actions**

Au fil du temps, passez à des étapes plus engageantes, comme la prise de parole en public, la présentation de votre idée devant des investisseurs ou des experts, ou le lancement d'une campagne marketing.

L'idée est de construire une relation plus familiale et constructive avec le changement, en démontrant qu'il est possible de naviguer dans l'inconfort de façon maîtrisée et bénéfique.

Chapitre 12

Le doute sur la viabilité de son projet

Le **doute sur la viabilité de son projet** est un frein commun parmi les entrepreneurs, surtout au stade initial de l'aventure. Ce doute provient de l'incertitude quant à la réussite de l'idée ou à sa capacité à s'imposer sur le marché. Ce frein est souvent exacerbé par le manque de retours concrets, l'absence d'expérience, la difficulté à obtenir des financements, ou encore la complexité de l'analyse du marché. Pourtant, si ce doute n'est pas bien géré, il peut bloquer la progression de l'entrepreneur et l'empêcher de mettre son idée en œuvre.

1. Douter de la viabilité de son projet est normal

Le doute sur la viabilité d'un projet est tout à fait normal et fréquent chez ceux qui envisagent de lancer leur entreprise. Les raisons qui expliquent pourquoi cette incertitude est si répandue sont plurielles.

En premier lieu, l'absence de validation préalable joue un rôle important. De nombreux entrepreneurs préfèrent garder leur idée secrète par peur qu'elle soit copiée ou utilisée, mais sans retours extérieurs, l'incertitude sur la viabilité du projet augmente. Par ailleurs, la complexité des marchés rend leur analyse difficile et, sans une expertise spécifique, beaucoup craignent de ne pas réussir à toucher leur public cible ou à se démarquer suffisamment.

Le manque d'expérience dans l'entrepreneuriat aggrave encore cette incertitude. En l'absence de connaissances solides, les obstacles peuvent paraître insurmontables ou difficiles à anticiper. De plus, l'exposition aux échecs d'autrui, qu'il s'agisse d'histoires entendues ou d'échecs observés dans l'entourage, renforce souvent le doute quant à ses propres capacités à réussir.

Enfin, la pression de la rentabilité agit aussi comme un frein : pour beaucoup, viabilité rime avec rentabilité rapide, et la crainte de ne pas générer des revenus assez vite les pousse souvent à hésiter avant de se lancer.

2. Manifestations du doute sur la viabilité du projet

Le doute sur la viabilité peut affecter de nombreux aspects de l'entreprise et des comportements de l'entrepreneur :

Procrastination : Les entrepreneurs hésitent à investir leur temps, leur argent, et leur énergie dans un projet qu'ils perçoivent comme risqué. Ce doute pousse à remettre à plus tard des décisions cruciales.

Recherche constante d'assurance : Certains entrepreneurs, au lieu de lancer leur produit, passent des mois ou des années à collecter des informations, perfectionnant leur projet sans jamais le confronter au marché.

Investissements limités : Par crainte de perdre des ressources, les entrepreneurs peuvent hésiter à investir dans des stratégies essentielles, comme le marketing ou le développement de produit.

Tendance au pivot excessif : Parfois, les entrepreneurs, incertains de la direction à suivre, changent trop souvent de modèle d'affaires ou de positionnement, ce qui crée de la confusion pour leurs clients potentiels.

3. Conséquences du doute sur la viabilité

Le doute, s'il est excessif ou non géré, peut nuire gravement au développement du projet. Voici les principaux risques :

- **Paralysie et retard dans le lancement** : L'idée ne se concrétise jamais, car le doute pousse à sans cesse repousser le lancement ou à attendre un « moment idéal » qui n'arrive jamais.
- **Manque de crédibilité** : Un entrepreneur qui ne croit pas fermement dans la viabilité de son projet envoie des signaux de doute à ses clients, investisseurs et partenaires, ce qui peut affecter leur confiance.
- **Épuisement mental** : Le doute prolongé peut entraîner une fatigue mentale, alimentée par des remises en question constantes et un sentiment d'insécurité.
- **Opportunités manquées** : À force d'hésiter, l'entrepreneur risque de passer à côté de créneaux et d'opportunités de marché.

4. Surmonter le doute sur la viabilité de son projet ?

Bien que le doute soit naturel, il est possible de le transformer en force en adoptant des pratiques concrètes pour évaluer et renforcer la viabilité du projet.

4.1 Réaliser une étude de marché ciblé

Une étude de marché bien menée permet de mieux comprendre les besoins des clients potentiels, la concurrence et les opportunités. Cela donne des informations fiables sur lesquelles baser ses choix.

Identifiez votre public cible et son comportement d'achat, analysez la concurrence, et évaluez s'il y a des lacunes existantes sur le marché que votre projet pourrait combler.

4.2 Valider le concept par un prototype ou un test produit

Avant d'investir pleinement dans le projet, testez l'idée auprès de clients potentiels avec un prototype ou une version réduite du produit. Cela permet de récupérer des retours concrets.

Encore une fois, créer un produit minimum viable, et présentez-le à un échantillon de clients potentiels pour recueillir des retours et ajuster le projet.

4.3 S'entourer

Le doute est souvent amplifié par un manque de perspective extérieure. Des mentors ou des experts peuvent fournir des conseils et des retours qui permettent d'évaluer objectivement la viabilité du projet.

Identifiez des personnes dans votre réseau ou des experts du secteur et sollicitez leur avis sur votre projet. Les retours externes permettent de corriger les angles morts et d'avoir une vision plus équilibrée du potentiel du projet.

4.4 Fixer des objectifs mesurables et atteignables

Le doute peut être réduit en se fixant des objectifs clairs et réalisables à court terme. Atteindre ces étapes de manière progressive permet de consolider la confiance dans la viabilité du projet.

Définissez des objectifs pour chaque étape de développement de votre projet (acquisition des premiers clients, validation du produit, etc.) et évaluez régulièrement les progrès. Chaque objectif atteint renforce la crédibilité de l'idée.

4.5 Se rappeler que l'adaptabilité est une force

La viabilité d'un projet peut évoluer et s'adapter. Plutôt que de rechercher une perfection initiale, l'important est de rester adaptable aux retours et aux changements de marché. De nombreuses grandes entreprises ont commencé avec des concepts différents de leur modèle final.

Adoptez une approche itérative en faisant des ajustements continus en fonction des résultats. Considérez chaque retour client et ajustement comme une étape vers un projet plus viable.

5. Conclusion : Transformer le doute en levier de progression

Le doute sur la viabilité de son projet est une réaction normale face à l'incertitude de l'entrepreneuriat. Plutôt que de le voir comme un obstacle, il est possible de le transformer en une force qui pousse à mieux structurer et tester son idée. En prenant des mesures concrètes pour valider chaque étape du projet, en s'entourant de mentors et en restant adaptable, l'entrepreneur développe une approche rationnelle et pragmatique. Avec cette méthode, le doute devient un moteur de progression, permettant de créer un projet plus solide et plus résilient.

Exercice pratique pour surmonter le doute sur la viabilité de son projet

Exercice de la « validation progressive »

Cet exercice permet d'avancer pas à pas en validant chaque étape du projet, réduisant ainsi le doute.

1. **Divisez le projet en étapes clés**
Décomposez votre projet en plusieurs étapes importantes (idée, prototype, test marché, lancement initial, etc.).

2. **Définissez des indicateurs de validation pour chaque étape**
Pour chaque étape, identifiez un indicateur de réussite clair. Par exemple, pour la phase de test marché, vous pourriez viser un retour positif de 70 % des clients potentiels.

3. **Avancez étape par étape et mesurez les résultats.**
Réalisez chaque étape en utilisant les indicateurs pour évaluer la viabilité. Concentrez-vous sur l'atteinte des petits objectifs plutôt que de penser au succès global du projet.

4. **Adaptez le projet si nécessaire**
En fonction des résultats obtenus, ajustez le projet pour maximiser sa viabilité. Si une idée ne fonctionne pas, changez de stratégie sans remettre en cause le projet global.

5. **Continuez à répéter l'exercice**
À chaque étape validée, votre confiance en la viabilité du projet grandira. Cet exercice permet d'avancer avec méthode et d'éviter de se laisser submerger par le doute.

Chapitre 13

Le manque de soutien

Le **manque de soutien** peut être un frein particulièrement pesant pour certains entrepreneurs, car la création d'entreprise est une démarche exigeante qui demande un entourage bienveillant et encourageant. Le manque de soutien, qu'il soit familial, social ou professionnel, peut affaiblir la motivation de l'entrepreneur, limiter sa résilience face aux difficultés et l'isoler dans sa démarche. Sans une base de soutien, le parcours entrepreneurial peut rapidement sembler solitaire et décourageant.

1. Le manque de soutien de votre entourage

Le manque de soutien peut se ressentir à divers niveaux. Tout d'abord, l'incompréhension de l'entourage joue un rôle important : il est fréquent que les proches ne saisissent pas les aspirations entrepreneuriales, surtout lorsque celles-ci impliquent des sacrifices ou des risques financiers, ce qui peut conduire à des réactions négatives, dubitatives, voire critiques. De plus, les peurs et projections des proches, qui s'inquiètent pour la sécurité et la stabilité financière de l'entrepreneur, peuvent les amener à projeter leurs propres inquiétudes, décourageant involontairement l'entrepreneur.

Le sentiment d'isolement social est aussi fréquent chez ceux qui débutent et qui, sans réseau professionnel établi, ressentent un manque de soutien, particulièrement accentué lorsque leur entourage n'adhère pas à leurs aspirations.

Le soutien fait souvent défaut également sous forme de mentorat : l'absence de figure d'expérience capable de fournir des conseils et d'aider à éviter les écueils propres au parcours entrepreneurial complexe des débuts.

Enfin, la pression sociale et culturelle s'ajoute à cette liste, car comme on l'a vue précédemment, dans certaines familles ou cultures, un parcours stable et traditionnel est valorisé comme étant le seul « bon » choix de carrière, ce qui impose aux entrepreneurs de lutter contre cette pression, qui peut fragiliser leur confiance.

2. Manifestations du manque de soutien en entrepreneuriat

Le manque de soutien se traduit souvent par des comportements et des émotions spécifiques :

Doute et baisse de moral : L'absence d'encouragement ou les critiques fréquentes entraînent souvent l'entrepreneur à douter de lui-même et de son projet.

Procrastination et démotivation : Le manque de soutien et d'encouragement peut ralentir le projet, car l'entrepreneur ne trouve pas la motivation pour avancer seul.

Évitement et repli sur soi : Ne se sentant pas compris ou soutenu, l'entrepreneur peut éviter de parler de son projet, voire se replier sur lui-même pour éviter les jugements.

Baisse de productivité : Le manque de motivation et de soutien peut se répercuter directement sur l'efficacité au travail. L'entrepreneur, démoralisé, aura tendance à perdre sa productivité et son engagement envers le projet.

Difficultés à gérer le stress : Sans personnes pour échanger et se décharger émotionnellement, les entrepreneurs ont plus de mal à gérer les moments de stress et de doute, car ils n'ont pas de soutien psychologique.

3. Les conséquences du manque de soutien

Ce manque de soutien, s'il persiste, peut avoir des conséquences majeures sur le développement du projet et la santé mentale de l'entrepreneur :

- **Abandon prématuré du projet** : Se sentant isolé et découragé, l'entrepreneur est plus susceptible de renoncer à son projet, même si ce dernier a du potentiel.
- **Impact sur la confiance en soi** : L'absence de validation ou d'encouragement externe peut affecter la perception que l'entrepreneur a de lui-même et de ses compétences, ainsi que sa capacité à prendre des risques.
- **Stress et anxiété accumulés** : L'entrepreneur doit faire face à toutes les difficultés seul, ce qui peut générer du stress et, dans les cas extrêmes, mener à un épuisement professionnel (burn-out).
- **Difficulté à rebondir après des échecs** : Sans soutien pour faire face aux échecs et se remettre en selle, l'entrepreneur peut être plus affecté par les revers et avoir plus de mal à rebondir.

4. Comment surmonter le manque de soutien ?

Surmonter le manque de soutien nécessite de développer des stratégies pour obtenir des encouragements extérieurs, structurer ses ressources internes et trouver un réseau de personnes partageant les mêmes valeurs.

4.1 S'entourer d'autres entrepreneurs

Les entrepreneurs traversent souvent les mêmes difficultés et sont plus susceptibles de comprendre les défis de l'entrepreneuriat. En rejoignant des groupes ou des réseaux, l'entrepreneur peut trouver un soutien moral et des conseils pratiques.

Identifiez des événements ou des groupes de réseautage pour entrepreneurs (réunions, forums en ligne, groupes sur les réseaux sociaux) et engagez-vous à y participer régulièrement.

4.2 Trouver un mentor ou un coach

Avoir un mentor ou un coach peut compenser le manque de soutien familial ou social. Un mentor expérimenté peut fournir des retours constructifs, des conseils, et aider à garder une perspective plus large sur les difficultés.

Recherchez des programmes de mentorat ou des coachs spécialisés dans votre secteur d'activité. Contactez des personnes dont le parcours vous inspire et proposez des échanges réguliers pour bénéficier de leur expérience.

4.3 Partager ses victoires et progressions avec des personnes bienveillantes

Même si certains proches ne soutiennent pas le projet, d'autres personnes bienveillantes et ouvertes d'esprit peuvent être prêtes à écouter et à encourager. Il est important de partager ses réussites, même petites, pour renforcer sa motivation. Partagez périodiquement vos idées avec toutes les personnes positive de votre entourage.

4.4 Renforcer son soutien interne : cultiver l'auto-motivation

C'est sans nul doute le plus important, avec ou sans soutien externe, il est crucial de développer un soutien interne en renforçant sa résilience et sa capacité à s'auto-motiver. Travailler sur son état d'esprit permet de mieux faire face aux moments de doute.

Pratiquez des techniques d'auto-motivation, comme la visualisation des réussites futures, la mise en place de rituels quotidiens (affirmations positives, méditation) et la fixation de petits objectifs qui nourrissent un sentiment d'accomplissement.

4.5 Explorer les communautés d'incubateurs et d'entrepreneurs

De nombreux incubateurs, pépinières et espaces de coworking offrent un environnement de soutien pour les entrepreneurs. En plus d'un lieu de travail, ces espaces permettent de créer des contacts et de s'immerger dans un milieu d'entrepreneurs.

Renseignez-vous sur ces lieux dans votre région. Participez à des sessions de réseautage ou des ateliers organisés par ces espaces pour rencontrer d'autres entrepreneurs.

5. Conclusion : Créer et nourrir son propre soutien

Le manque de soutien est un frein réel mais surmontable. En diversifiant ses sources de soutien (mentors, autres entrepreneurs, incubateurs) et en cultivant une solide auto-motivation, un entrepreneur peut avancer dans son projet sans dépendre entièrement des validations externes. Transformer le manque de soutien en opportunité de renforcer son réseau, développer sa résilience et trouver des alliés partageant la même vision permet de créer un parcours entrepreneurial riche et équilibré. La capacité à cultiver son propre soutien est non seulement une compétence essentielle pour réussir en tant qu'entrepreneur, mais elle représente aussi un atout durable dans la gestion des futurs défis.

Exercice pratique pour surmonter le manque de soutien

La « boîte de soutien »

Cet exercice consiste à créer un espace (physique ou numérique) où l'entrepreneur collecte des sources de soutien et de motivation pour compenser l'absence de soutien direct.

1. **Créer une boîte ou un dossier dédié au soutien et à la motivation**
Ce peut être une boîte physique ou un dossier numérique où vous centralisez des messages inspirants, des notes positives ou des témoignages de soutien.

2. **Collecteur des témoignages et des retours positifs**
Rassemblez dans cette boîte tous les retours positifs que vous recevez (emails, messages de clients ou amis, témoignages) ainsi que vos petites victoires (objectifs atteints, étapes franchies).

3. **Inclure des citations ou des histoires inspirantes**
Ajouter des citations motivantes, des témoignages d'autres entrepreneurs ou des histoires de réussite. Chaque fois que vous vous sentez découragé, feuilletez votre boîte pour retrouver de l'énergie et de la motivation.

4. **Mettre à jour la boîte régulièrement**
À chaque étape, continuez d'alimenter cette boîte pour qu'elle reste vivante et reflète l'évolution de votre parcours.

Chapitre 14

La peur de l'épuisement ou du surmenage

La **peur de l'épuisement ou du surmenage** est un frein psychologique fréquent chez les aspirants entrepreneurs, car la création d'entreprise est souvent perçue comme une activité intense, exigeante et envahissante. Cette crainte est particulièrement présente chez les individus qui attachent une grande importance à l'équilibre entre vie personnelle et professionnelle, et qui redoutent de ne pas réussir à maintenir cet équilibre une fois engagés dans l'entrepreneuriat. Bien qu'il s'agisse d'une peur légitime, elle peut aussi être surmontée par des stratégies de gestion du temps, d'organisation et de préservation de l'énergie.

1. L'épuisement et le surmenage dans l'entreprenariat

La peur de l'épuisement et du surmenage constitue un frein majeur pour de nombreuses personnes envisageant l'entrepreneuriat, car elle s'appuie sur des éléments psychologiques et contextuels qui rendent ce risque tangible. D'abord, l'entrepreneuriat est souvent perçu comme un mode de travail « sans limites », où l'on doit assumer un volume de responsabilité élevé et où les horaires ne sont pas fixes. Cette absence de structure peut donner l'impression qu'il sera difficile de « déconnecter » et de prendre du recul. De plus, ceux qui ont déjà vécu des périodes de surmenage ou de burn-out dans des emplois antérieurs redoutent particulièrement de revivre ces expériences en se lançant dans une activité intense comme la gestion d'entreprise.

L'importance de l'équilibre entre vie professionnelle et vie personnelle est aussi une source de frustration. Beaucoup de futurs entrepreneurs valorisent cet équilibre et craignent que l'engagement entrepreneurial ne le bouleverse complètement. À cela s'ajoute la pression de la réussite : en tant que dirigeants de leur propre entreprise, les entrepreneurs se sentent responsables de son succès, et cette pression peut amener à faire des sacrifices personnels en termes de temps et de bien-être. Enfin, la charge mentale générée par la gestion simultanée de multiples aspects de l'entreprise (stratégie, finances, production, marketing) devient une source de fatigue mentale, surtout si elle n'est pas bien équilibrée ou déléguée. Tous ces éléments forment une barrière qui peut dissuader de nombreux aspirants entrepreneurs d'aller de l'avant, de peur d'atteindre un point de non-retour en termes de santé mentale et physique.

2. Manifestations de la peur de l'épuisement et du surmenage

Cette peur se traduit par des attitudes spécifiques qui peuvent influencer les choix de l'entrepreneur et sa façon d'aborder son projet :

Procrastination : Craignant d'être submergé, l'entrepreneur rapporte les tâches liées au lancement du projet, retardant ainsi la concrétisation de son idée.

Hésitation à se lancer pleinement : Cette peur peut empêcher l'entrepreneur de s'investir dans son projet à 100 %, par crainte de se perdre dans une surcharge de travail.

Tendance à micro-gérer : Par peur de perdre le contrôle, l'entrepreneur peut se retrouver à gérer chaque détail de l'entreprise, augmentant ainsi sa charge de travail.

Préférence pour des projets « plus sûrs » : Certains entrepreneurs choisissent des projets moins ambitieux ou à faible croissance pour éviter les risques de surmenage.

3. Les conséquences de la peur de l'épuisement

Si elle persiste, cette peur peut limiter le développement du projet et affecter le bien-être de l'entrepreneur :

- **Retard dans le lancement du projet** : L'entrepreneur peut prendre beaucoup de temps pour se préparer mentalement, et ainsi ralentir le processus de création.
- **Baisse de confiance en soi** : Le sentiment de ne pas pouvoir « tenir le rythme » ou de ne pas être « assez fort » pour affronter l'entrepreneuriat peut éroder la confiance de l'entrepreneur en ses capacités.
- **Productivité réduite** : La peur de l'épuisement peut elle-même mener à une baisse de productivité, car elle inhibe l'entrepreneur et l'empêche de s'investir pleinement.
- **Risques réels d'épuisement** : En raison de l'anxiété constante sur la gestion de la charge de travail, l'entrepreneur finit paradoxalement par se surmener, par peur d'être dépassé.

4. Comment surmonter la peur de l'épuisement ou du surmenage ?

Surmonter cette peur nécessite de prendre des mesures préventives pour réduire la charge de travail, gérer efficacement le stress, et adopter un rythme équilibré dès le début.

4.1 Établir une structure de travail flexible mais réaliste

Se fixer des horaires de travail clairs et équilibrés, en intégrant des périodes de pause, peut aider à maintenir un rythme durable et à éviter l'épuisement.

Planifiez votre journée en fonction de vos périodes de productivité (matin, après-midi). Évitez de travailler au-delà de vos heures les plus productives pour préserver votre énergie.

4.2 Apprendre à déléguer

Beaucoup d'entrepreneurs craignent de déléguer, pensant qu'ils doivent tout faire eux-mêmes. Apprendre à déléguer les tâches non essentielles aide à réduire la charge de travail.

Faites une liste des tâches que vous pouvez confier à des collaborateurs ou des freelances. Privilégiez le travail sur vos compétences clés et laissez-le reste à d'autres.

4.3 Adopter une gestion par priorités

La méthode des priorités consiste à concentrer ses efforts sur les tâches à haute valeur ajoutée et à délaisser les tâches non essentielles.

Classez vos tâches par priorité chaque jour ou chaque semaine en fonction de leur impact sur le projet. Concentrez-vous d'abord sur celles qui sont cruciales pour avancer, et limitez le temps consacré aux tâches secondaires.

4.4 Mettre en place des rituels de déconnexion

Fixer des rituels de déconnexion (heures fixes pour arrêter de travailler, jours de repos) aide à préserver un équilibre sain entre vie personnelle et professionnelle.

Décidez d'un moment chaque jour où vous fermez votre ordinateur et cessez de travailler, même si certaines tâches ne sont pas terminées. Respectez ce rituel pour cultiver un rythme sain.

4.5 Prendre soin de soi au quotidien

La santé physique et mentale est essentielle pour prévenir le surmenage. Une bonne alimentation, de l'exercice physique et un sommeil de qualité permettent de maintenir une énergie stable.

Intégrez des activités de bien-être dans votre routine quotidienne (sport, méditation, moments de détente) et considérez-les comme des priorités pour soutenir votre énergie sur le long terme.

5. Conclusion : Préserver son énergie pour construire un projet durable

La peur de l'épuisement et du surmenage est naturelle et protectrice, mais elle ne doit pas empêcher un entrepreneur de se lancer. En adoptant des stratégies de gestion de la charge de travail, en apprenant à déléguer et en cultivant une bonne hygiène de vie, il est possible de créer un environnement de travail soutenable et équilibré. En prenant soin de leur bien-être, les entrepreneurs gagnent en résilience, en productivité et en motivation sur le long terme. Ils peuvent alors développer leur projet sans craindre le surmenage et en maintenant un rythme de travail durable.

Exercice pratique pour surmonter la peur de l'épuisement

Exercice de planification « Semaine optimale »

Cet exercice permet de structurer votre semaine de manière équilibrée, en intégrant des moments de travail, de pause et de détente, pour éviter le surmenage.

1. **Évaluez votre emploi du temps actuel**

Notez la répartition de votre emploi du temps pour une semaine typique. Identifiez les moments où vous vous sentez productif et ceux où vous êtes fatigué ou démotivé.

2. **Planifiez des plages horaires fixes pour le travail et le repos.**

Créez un emploi du temps équilibré où chaque jour inclut des périodes de travail intenses mais limitées (ex. 3 à 4 heures de travail productif), suivies de pauses. Réservez également une journée entière de repos chaque semaine.

3. **Établissez des rituels de transition**

Mettez en place des rituels de début et de fin de journée pour marquer la frontière entre travail et détente (ex. une promenade pour débuter ou clôturer votre journée de travail).

4. **Ajustez au besoin**

Après une semaine, ajustez votre emploi du temps en fonction de votre ressenti. Si une plage horaire est trop longue, raccourcissez-la. Si certaines tâches s'accumulent, évaluez si elles sont nécessaires ou délégables.

5. **Revoyez votre emploi du temps chaque mois**

Faites un bilan mensuel pour évaluer si votre emploi du temps vous permet de maintenir une énergie stable. Ajustez-le si nécessaire pour équilibrer votre bien-être et votre productivité.

Conclusion

Oser se lancer dans l'aventure entrepreneuriale

À travers cette exploration des différents freins psychologiques à la création d'entreprise, il est devenu évident que le parcours entrepreneurial est parsemé de défis émotionnels et mentaux. Chaque frein, qu'il s'agisse de la peur de l'échec, du perfectionnisme, de l'incertitude, du manque de confiance en soi ou de la crainte de l'épuisement, illustre des préoccupations légitimes que de nombreux aspirants entrepreneurs ressentent. Pourtant, il est essentiel de reconnaître que ces obstacles ne sont pas des murs infranchissables, mais plutôt des occasions d'apprentissage et de croissance personnelle.

Ces freins psychologiques peuvent être perçus comme des opportunités déguisées. Ils nous invitent à réfléchir sur nos motivations, à comprendre nos peurs et à renforcer notre résilience. Chaque entrepreneur a le potentiel de transformer ses appréhensions en forces. Par exemple, la peur de l'échec peut se transformer en une volonté d'apprendre de ses erreurs et de s'améliorer continuellement. De même, la crainte de l'engagement peut inciter à bien définir ses priorités et à créer un équilibre sain entre vie professionnelle et vie personnelle.

La clé réside dans la prise de conscience et l'action. En identifiant clairement ces freins, chaque entrepreneur peut définir des stratégies pour les surmonter. Les exercices pratiques que nous avons évoqués, tels que la définition d'objectifs réalistes, la création de réseaux de soutien, et la mise en place de rituels de bien-être, constituent des outils puissants pour renforcer sa confiance et sa motivation. Il est également essentiel de se rappeler que la vulnérabilité est une force. Partager ses préoccupations avec d'autres, rechercher du soutien, et s'entourer de personnes bienveillantes peuvent considérablement alléger le poids de l'isolement et renforcer l'esprit d'équipe.

L'entrepreneuriat n'est pas seulement une question de succès financier, mais aussi de réalisation personnelle. Il s'agit de se lancer dans une aventure qui peut redéfinir qui vous êtes et ce que vous voulez accomplir. Chaque projet est une chance de laisser une empreinte, d'apporter une contribution significative à la société, et d'inspirer les autres à suivre leur propre chemin. En dépit des incertitudes et des défis, l'engagement envers vos passions et vos idées peut mener à une satisfaction profonde, tant sur le plan personnel que professionnel.

Il est également essentiel de souligner que l'esprit entrepreneurial est un état d'esprit qui se cultive. De nombreux entrepreneurs à succès ont été confrontés à des doutes similaires, mais ils ont choisi d'avancer malgré ces peurs. Leurs histoires sont la preuve que l'audace et la détermination peuvent mener à des résultats extraordinaires. Alors, que vous envisagez de lancer une petite entreprise ou une startup innovante, sachez que le moment idéal pour commencer est maintenant.

N'oubliez pas que le chemin de l'entrepreneuriat est un voyage, pas une destination. Vous aurez des hauts et des bas, des moments de clarté et des moments de confusion, mais chaque étape que vous franchirez vous rapprochera de votre objectif. Osez prendre des risques calculés, apprenez à vous relever après un échec, et surtout, restez fidèle à votre vision. Votre rêve mérite d'être réalisé.

Alors lancez-vous ! Embrassez l'incertitude et transformez-la en votre allié. Utilisez les freins psychologiques non pas comme des obstacles, mais comme des tremplins pour votre réussite. L'avenir vous appartient, et il est rempli de possibilités infinies. Chaque pas que vous ferez vous rapprochera de votre rêve, et qui sait, peut-être que votre aventure inspirera d'autres à faire de même. Vous avez le potentiel de créer quelque chose de grand, quelque chose qui vous passionne et qui peut aussi bénéficier à d'autres.

Faites le premier pas aujourd'hui. Le monde a besoin de vos idées, de votre créativité et de votre détermination. N'attendez pas que les étoiles s'alignent ou que la peur disparaisse complètement. Le moment de briller, de créer et d'innover, c'est maintenant. Vous êtes prêt. Allez-y !

Si ce livre vous a permis de comprendre, d'apprendre et/ou de vous lancer, n'hésitez pas à partager votre avis ou expérience sur la plateforme où vous avez commandé ce livre.
Merci !

Table des matières

Introduction 7

La peur de l'échec 10

Le manque de confiance en soi 18

La peur de l'incertitude 26

Le perfectionnisme 35

La peur du jugement des autres 43

Le besoin de sécurité financière 51

La peur de l'engagement et de la responsabilité 59

La surcharge d'informations et la paralysie par l'analyse 68

La crainte du rejet et de la concurrence 74

Les croyances limitantes 80

La peur du changement et de l'inconnue 87

Le doute sur la viabilité de son projet 93

Le manque de soutien 99

La peur de l'épuisement ou du surmenage 105

Conclusion 111